教育部人文社科基金青年项目"教育记忆形塑青少年国家认同的路径研究"（21YJC880015）阶段性成果

江苏省教育科学"十四五"规划课题"红色基因涵育高中生成长的校本化实践探索"（JJZL/2021/02）阶段性成果

江苏省高校青蓝工程阶段性成果

雨花记忆：

区域德育课程体系的实践探索与构建路径

杜京容　程功群　刘大伟　著

武汉大学出版社

图书在版编目(CIP)数据

雨花记忆:区域德育课程体系的实践探索与构建路径/杜京容,程功群,刘大伟著.—武汉:武汉大学出版社,2022.7

ISBN 978-7-307-23136-8

Ⅰ.雨… Ⅱ.①杜… ②程… ③刘… Ⅲ.德育—课程建设—研究—中小学 Ⅳ.G631

中国版本图书馆 CIP 数据核字(2022)第 106208 号

责任编辑:李 琼　　　责任校对:汪欣怡　　　版式设计:马 佳

出版发行:**武汉大学出版社**　(430072　武昌　珞珈山)

(电子邮箱:cbs22@ whu.edu.cn　网址:www.wdp.com.cn)

印刷:湖北金海印务有限公司

开本:720×1000　1/16　印张:12.75　字数:187 千字　插页:1

版次:2022 年 7 月第 1 版　　2022 年 7 月第 1 次印刷

ISBN 978-7-307-23136-8　　定价:49.00 元

序

近些年来，教育记忆成为学界研究的一个热点。教育记忆是身处学校场域中"人"不断改造、共享和塑造的群体智慧，具有鲜明的教育属性和文化属性。教育记忆是文化发展史中的一个重要组成部分，不仅关乎个体的成长与发展，对于整个民族的文化记忆塑造和国家认同形塑亦具有现实价值。可以说，教育记忆是对学校记忆的升华与凝炼，亦是文化记忆塑造和文化认同培育的基础或根基。历史不容忘却，学校教育承担有文化传承与创新的重要使命。在新时代背景下，随着弘扬革命文化、中华优秀传统文化和社会主义先进文化与学校教育融合的深入推进，如何实现三种文化的入脑入心，发挥文化育人、润心启智的功效，成为新时代教育改革发展的重要内容。

培才育人，德育为先，德育工作是学校育人实践和时代新人培育的重要内容。在推进德育改革发展的时代进程中，全国各地开展了丰富多元、各具特色的探索与实践。南京市，作为十朝古都，具有深厚文化底蕴，为学校德育提供了丰富的文化资源。该市雨花台区，"雨花英烈精神"诞生于此，具有得天独厚的红色文化资源，成为雨花台区基础教育实施德育工作、开展德育活动、创新德育内容的天然依托。多年来，京容随我做教育史学研究，她敏而好学，孜孜不倦，与刘大伟、程功群等人合作开展的教育记忆研究，开拓了教育史学研究领域，并顺利获批了教育部人文社科基金青年项目"教育记忆形塑青少年国家认同的研究"。他们在已有研究的基础上，将学术研究与德育实践相结合，加强了学术研究与学校育人的融合。在此过程中，他们团队以南京市雨花台区的德育实践为研究基础，以教育记忆为研究主线，将区域文化资源融合学校德育，从仪式课程记忆、物型课程记忆和功能课程记忆的维度，构建了区域德育课程的三重记忆体系，借以增强青少年的文化记忆塑造、文化认同和国家认同，为时代新人培育奠定了文化基础和课程基础。

"征实则效存，徇名则功浅。"杜京容、程功群、刘大伟这三位华中师大教育史学科的毕业生，在开拓创新学术研究的同时，能够将学术研究成果与基础教育的德育改革实践紧密结合，以文化记忆、教育记忆为切入点来助力于学校德育课程建设和德育工作的深入开展，加强了教育史学研究与教育改革实践的现实观照，传承了章开沅先生"参与史学"的内核要义。在其是项学研成果即将面世之际，希望他们保持求真务实的研究态度、秉持严谨慎微的治学精神，在教育记忆史研究方面深入推进，为基础教育改革发展再作贡献。

蕲阳　余子侠

华中师范大学二级教授、博士生导师

2022 年 7 月 8 日于桂子山

目　　录

绪　　论

2019 年 7 月，《中共中央国务院关于深化教育教学改革全面提高义务教育质量的意见》中提出，"打造中小学生社会实践大课堂，充分发挥爱国主义、优秀传统文化等教育基地和各类公共文化设施与自然资源的重要育人作用"。这一文件的推出对于推动区域德育实践的走深走实提供了政策依据和制度保障，为立德树人目标的实现打下了坚实的基础。作为区域德育探索的先行者，自中华人民共和国成立以来，南京市雨花台区一直坚持以雨花英烈精神为主题，将这一精神贯穿至社会、学校、家庭教育的内外，形成了家社校协同育人的德育机制，形成了诸多德育的品牌与亮点。作为中华民族革命精神和红色基因的重要谱系和组成部分，雨花英烈精神是中华儿女共同的社会记忆，对价值观塑造和国家认同培育具有深刻的现实价值。而对于区域教育而言，雨花英烈精神更是身边的教材、身边的课堂、身边的教师，所以弘扬雨花英烈精神、传承雨花红色基因、塑造雨花红色记忆，是新时代区域德育的价值诉求和题中之义，对于培育担当民族复兴大任的时代新人具有重要作用。

在新时代背景下，利用好身边的红色资源对青少年一代开展德育工作是诸多学科感兴趣的话题，也是当下家校社协同育人中的重要一环。德育工作如何回应中共中央提出的"入脑入心"，我们基层教育工作者经过反复思考后认为，要能够入脑入心，必然不能放过每一个潜移默化教学的环节，真正地让受教育者能够记住自己曾经被教育过的。所以归根结底，这是一个记忆的问题、一个集体记忆的问题。在记忆史研究视域下，记忆是认同形成的内在因素，是增强文化自信的关键，对记忆的合理建构是塑造文化认同与自信、民族认同与自信的重要基础，对国民意识的塑造、民族文化的认同和个体身份的觉醒均具有深层次影响。特别是党的十八大以来，习近平总书记多次实地缅怀革命先烈、号召传承红色基因，强调"讲好党的故事、革命的故事、根据地的故事、英雄和烈士的故事，加强革命传统教育、爱国主义教育、青少年思想道德教育，把红色基因传承好，确保红色江山永不变色"。在通过红色德育形塑青少年国家认同的过程中，教育是记忆塑造和强化的重要手段，通过学校文化创设、课堂教学改革、实践活动开展等多元形式，进行着文化记忆的传承和弘扬，发挥着德育育人的价值。当前，正值教育强国建设的关键时期，革命基因的传承、革命记忆的形塑和区域德育的实施，不仅为教育体系赋予了更多的文化创新，同时也丰富了教育内容，拓展了教育载体，强化了育人价值。诚如梁启超所指出："历史的目的在将过去的真事实予以新意义或新价值，以供现代人活动之资鉴。"①区域德育中的红色因素，在教育系统中，通过传承、再现与创造，贯穿着过去、现在与未来，对社会发展具有持续性和长久性影响，对教育的改革发展、时代新人的培育具有潜在性和深远性价值。作为文化记忆、社会记忆的雨花英烈精神，在历时和共时的时空穿越下，不断经历着塑造、更新与再现的社会建构过程，既继承了雨花英烈精神的优秀传统，又赋予了新的时代内涵。正是在这种不断更新、建构的过程中，其文化记忆逐步得到强化，才能不断丰富、挖掘出其所彰显和孕育的文化品质与时代价值，才能更好地为培育时代新人和建设社会主义现代化教育强国提供强大、持久的精神力量。

一、研究缘起

教育是党之大计、国之大计。培养什么人、怎样培养人、为谁培养

---

① 梁启超：《中国历史研究法补编》，中华书局2014年版，第193页。

人，是教育的根本问题。五育并举、德育为先，加强青少年德育是学校教育的时代使命和社会诉求。在加强区域德育课程体系建设中，如何有效挖掘、利用区域特色教育资源、建构其普适性和特色性统一、共性与个性相映彰的课程体系，则是学校教育需要不断思考和探索的实践问题。因此，在区域德育课程体系的探索与构建中，学校应结合区域特色教育资源，将之融入学校德育工作之中。雨花台区，具有丰富的雨花特色教育资源，尤其是雨花英烈精神，成为区域内中小幼德育课程的重要文化教育资源，在多年的探索与实践中，逐渐建构了特色化、多元化的德育课程体系。雨花英烈精神，作为雨花记忆的核心和红色基因的组成部分，承继、弘扬和再现雨花红色记忆，不仅是落实党和国家传承红色基因的时代诉求，而且是培育担任民族复兴大任时代新人的教育需求，亦是教育记忆史研究落实、扎根基础教育的实践体现。以红色基因化人，以红色教育铸人，是扎根中国大地办教育、坚守文化认同、提高文化自信以及增强国家民族认同的时代内涵。因此，本书以红色基因传承为主题，以雨花英烈精神为切入点，以教育记忆为抓手，探究红色教育的重要价值和意义。

（一）立德树人根本任务的时代诉求

教育是一种培养人的社会活动，其根本目的是育人，实现人的全面发展，助力于时代新人的培育与成长。教育，不仅仅是知识的简单传授，更是涉及塑造人的灵魂的事业。党的十八大从长远眼光和全局角度指出"把立德树人作为教育的根本任务"，党的十九大从发展角度和战略高度强调"落实立德树人根本任务"，指出要"培养担当民族复兴大任的时代新人"。立德树人，作为一项复杂工程，仅仅依靠学校德育工作难以完成，需要依靠家庭德育、学校德育和社会德育的有效融合，以总体性理念建构德育体系；同时，也要超越课程化，在学科课程融合的同时，需要借助一定的物型环境、校园生活与活动以及学校仪式等进行整体建构，因此需要"统整课堂、校园环境、社团生活、校园人际交往等多个阵地，形成相互配合、协调一致的良好育德环境"①。

立德树人，是发展中国特色社会主义教育事业的核心要义，亦是学校的立身之本和育人的根本方向。从一定意义上来说，立德树人的思想内涵蕴含在中华民族优秀传统文化之中，又有新时代赋予的崭新内涵，是对中国教育传统的承继与创新，深刻体现出中华民族教育智慧的民族性、本土性、时代性、创新性。习近平总书记指出，"要把立德树人的成效作为检验学校一切工作的根本标准，真正做到以文化人、以德育人，不断提高学生思想水平、政治觉悟、道德品质、文化素养，做到明大德、守公德、严私德"②。《教育部关于全面深化课程改革落实立德树人根本任务的意见》指出，要"高举中国特色社会主义伟大旗帜，推动社会主义核心价值观进教材、进课堂、进头脑，着力培养学生高尚的道德情操、扎实的科学文化素质、健康的身心、良好的审美情趣，努力使学生具有中华文化底蕴、中国特色社会主义共同理想、国际视野，成为社会主义合格建设者和可靠接班人"③。在党和国家的推动下，立德树人是中国教育事业发展和育人实践的时代主题，是加强青少年和人民群众价值观教育和国家认同教育的时代诉求，是维护国家安全、社会稳定和人民幸福的时代内涵，亦是教育领域培育时代新人的重要抓手，更是办好人民满意教育的重要命题。

如何有效实现立德树人的根本任务，则成为学校教育所要回应并需要持续探索与实践的问题。随着新一轮课程改革全面深化，社会主义核心价值观体系教育和中华优秀传统文化教育成为立德树人的主要方向、内涵与要求④，那么如何利用"两个教育"并融入学校德育课程体系，则成为学校

---

① 戴锐、曹红玲：《"立德树人"的理论内涵与实践方略》，《思想教育研究》2017年第 6 期。

② 习近平：《在北京大学师生座谈会上的讲话》，《人民日报》2018 年 5 月 3 日。

③ 《教育部关于全面深化课程改革落实立德树人根本任务的意见》，教育部网站，2014 年 3 月 30 日，http://www.moe.gov.cn/srcsite/A26/jcj_kcjcgh/201404/t20140408_167226.html

④ 田慧生：《落实立德树人根本任务 全面深化课程教学改革》，《课程·教材·教法》2015 年第 1 期。

德育工作的突破与创新。在此基础上，学校教育需要挖掘整合立德树人的文化教育资源，在加强社会主义核心价值观教育的同时，各地学校应打通民族文化资源，加强对中华优秀传统文化的开发利用，"中华优秀传统是中华民族的'根'和'魂'，蕴含了丰富的立德树人资源"①。因此，各学校应结合区域文化资源，挖掘利用其立德树人的价值意蕴，完善学校德育工作，充实学校德育内容，激活学校德育活力，创新学校德育形式，使德育工作更加多元化、特色化。在时代诉求下，学校教育如何有效地创新德育工作，则成为重要的时代命题，这是学校教育需要不断探索和实践的过程，也是学校教育培育时代新人的历久弥新的话题。

(二)培育时代新人的教育需求

党的十九大提出要培养担当民族复兴大任的时代新人，习近平总书记也多次指出要坚持立德树人、以文化人，培育和践行社会主义核心价值观，提高人民思想觉悟、道德水准、文明素养，培养能够担当民族复兴大任的时代新人。在文化全球化、经济全球化和信息化的时代背景下，传承红色基因、加强思想政治教育和价值观教育，不仅是新时代塑造和增强文化认同、国家认同的内在驱动，也是彰显文化软实力、提高文化自信的重要途径。中华民族在战争时期所形成和凝练的革命精神、红色文化，是中华优秀传统文化的重要组成部分，将其纳入学校教育，对于加强青少年思想道德教育、塑造文化认同和国家认同具有深刻意义。特别是在当今的国际国内局势下，随着国家改革开放的深入推进、现代信息技术的普及，以及国际局势的风云变幻，各种思想文化的交流与碰撞愈益频繁，青少年的思想意识和价值认识更加丰富多元，对青少年的成长产生了深远影响。尤其是近年来，青少年对于西方文化的追求、西方节日的认同，逐渐成为影响青少年思想意识的重要因子，一定程度上弱化了青少年的中华民族道德

---

① 韩丽颖:《立德树人:生成逻辑·精神实质·实践进路》,《东北师大学报》(哲学社会科学版)2016年第6期。

伦理和文化认同。因此，加强学校教育红色基因弘扬，传承红色文化，以红色记忆塑造青少年的价值认同，对于引导青少年提高文化认同、增强价值观和思想政治教育具有重要作用。以红色基因和红色文化培养青少年，能够使其了解红色政权的来之不易，感悟革命先烈之精神，进而震撼其内心、丰富其历史素养、增进其文化认同，使其能够担任民族复兴之大任。基于此，切实开展红色基因传承和红色教育实施，探索、创新学校教育红色文化建设路径，"既是贯彻社会主义核心价值观、坚持立德树人、实现文化育人的重要途径，也是有效促进学生、教师和学校发展的关键所在"①。

因此，传承红色基因、弘扬红色文化、塑造红色教育记忆，是新时代背景下培育时代新人、传承优秀文化和实现民族振兴的题中之义，是学校教育发展的文化动力和应然诉求。学校，作为传承红色基因、塑造红色记忆的主阵地，对立德树人和培育时代新人有重要作用。为有效加强青少年的思想政治教育和爱国主义教育，近年来，党和国家先后出台了系列政策，旨在加强爱国主义教育和道德教育，而红色文化，则成为重要的教育内容和途径。例如，2019年10月，中共中央国务院印发了《新时代公民道德建设实施纲要》，指出"要深化改革开放史、新中国历史、中国共产党历史、中华民族近代史、中华文明史教育，弘扬中国人民伟大创造精神、伟大奋斗精神、伟大团结精神、伟大梦想精神，倡导一切有利于团结统一、爱好和平、勤劳勇敢、自强不息的思想和观念，构筑中华民族共有精神家园。要继承和发扬党领导人民创造的优良传统，传承红色基因，赓续精神谱系"。同年11月，又印发了《新时代爱国主义教育实施纲要》，指出"要继承革命传统，弘扬革命精神，传承红色基因，结合新的时代特点赋予新的内涵，使之转化为激励人民群众进行伟大斗争的强大动力"。同时，"要引导人们了解中华民族的悠久历史和灿烂文化，从历史中汲取营养和智

---

① 倪娟等：《文化创新：学校课程变革的力量》，南京大学出版社2020年版，第2页。

慧，自觉延续文化基因，增强民族自尊心、自信心和自豪感。要坚持古为今用、推陈出新，不忘本来、辩证取舍，深入实施中华优秀传统文化传承发展工程，推动中华文化创造性转化、创新性发展。要坚守正道、弘扬大道，反对文化虚无主义，引导人们树立和坚持正确的历史观、民族观、国家观、文化观，不断增强中华民族的归属感、认同感、尊严感、荣誉感"。由此来看，红色文化，作为社会历史发展的积淀，对人的成长发展具有全方面影响。文化传承，作为学校教育的基本功能之一，担负着文化弘扬和文化育人的重要职责，以红色文化育人，是培养时代新人的教育诉求。因此，学校教育应走在前列，将红色文化融入育人过程之中，以之为抓手，确立学校办学定位，明晰办学特色，构建文化空间，发挥红色文化在办学特色形成、师生价值塑造和培育时代新人等方面的价值和意义，深化学校办学的文化内涵。

(三)教育记忆史研究的实践探索

长期以来，教育史学研究的重点在于教育思想史和教育制度史，在"制度—思想"的研究模式下，其研究对象"主要集中于教育人物思想与教育制度变迁，教育人物思想研究也仅仅是就教育史上的精英人物进行研究，教育制度也偏向宏观制度变迁概览"[1]，这也就忽视了教育发展历史进程中人的活动，未能凸显以人为中心的研究内涵，"如同教育学不研究人们的教育活动就无法进行一样，教育史学不研究人们的教育活动史，再怎么样研究教育思想史与教育制度史，也缺乏前提和基础，只能是一门'见人不见行''见物不见事'的教育史学"[2]，因此，教育活动史是教育史学研究的基础和源头。在教育活动史研究视域下，随着教育活动史研究的不断深入和持续拓展，教育记忆史成为其重要的、全新的研究领域。

---

① 周洪宇：《学术新域与范式转换——教育活动史研究引论》，华中科技大学出版社 2011 年版，第 5~6 页。
② 周洪宇：《对教育史学若干基本问题的看法》，《河北师范大学学报》2009 年第1 期。

尽管记忆史学在历史学界引发了强烈关注，但是将其与中国教育史研究相结合尚且少见。因此，将两者结合构建出教育记忆史研究领域，不但可以将教育史与国际历史研究前沿相结合，还进一步扩大了教育史研究领域，形成新的研究增长点。教育记忆史是专门研究教育参与者对于过往的教育人物、活动、事件等的个体记忆和集体记忆，它是一种全新的教育史研究领域，是对教育史研究的开拓与创新。① 在教育记忆史研究视域下，红色基因、红色文化记忆必然成为其重要的研究对象和研究内容，红色文化、红色历史记忆什么、由谁记忆、如何记忆则成为教育记忆史研究的重要内涵，唯有厘清记忆内涵和路径，架构红色记忆的理论框架，才能有效指导红色教育的实施和红色教育记忆的塑造，实现红色文化的"入脑入心"。同时，随着教育记忆史研究的不断开展，如何有效实现教育记忆理论研究的落地实施，实现教育理论与教育实践的紧密衔接，则是教育记忆史研究急需探索和实践之处。因此，本研究以雨花教育记忆为研究对象，以红色基因传承为主题，以南京市雨花台区学校教育为个案，探究雨花教育记忆的实施路径，以此将教育记忆史理论研究与红色教育记忆实践相结合，既可以拓展、深化教育记忆史的研究内涵和范围，同时又通过教育实践来不断反思、验证、完善教育记忆史研究。此外，笔者近年来一直从事教育记忆史研究，不仅提出了教育记忆史研究的新领域，而且发表了十余篇相关论文，以陶行知、教科书、革命战争等为个案进行了系列研究，但教育记忆史研究仍处于起步阶段，研究深度还远远不够，尤其是对红色教育记忆的研究还有很大空间需要开拓和深入。特别是，多年来全国革命老区根据自身实际，开展了多元丰富的红色教育实践，但综合来看，多是实践较多而缺乏系统的理论指导，未能形成系统的、整体的红色教育研究体系和实践路径。鉴于此，笔者从教育记忆史的研究视域出发，以南京市雨花台区雨花教育记忆为对象，系统研究红色教育的理论

---

① 刘大伟、周洪宇：《教育记忆史：教育史研究的新领域》，《现代大学教育》2018 年第 1 期。

体系和区域行动。

二、研究价值

(一)理论意义

一方面,拓展教育史学研究视域,充实教育记忆史研究。学科分支的发展既是教育史研究与其他学科研究领域融合的需要,也是面对学科危机做出的本能应变尝试;教育记忆史研究作为教育史学科一个新的研究视域,本研究对于进一步丰富和完善教育记忆史研究具有重要意义。教育记忆史是教育史学,尤其是教育活动史研究的新领域,在最近几年的研究过程中,无论是理论研究抑或个案研究等,均取得了一定的成果,但是研究深度、广度和厚度还远远不够,需要进一步提升。尤其是在新时代背景下,在大力传承红色基因、弘扬红色文化的时代要求,加强革命史、革命事件和红色记忆研究,成为各个学科重要的研究视域,教育记忆史研究也应走在前列,发挥学科优势,构建红色教育记忆的建构路径和教育融合载体。本研究以红色基因传承为主题,以雨花教育记忆为主体,以教育记忆史为研究视域,系统研究红色基因和雨花红色教育记忆的理论框架和建构路径,探究学校教育如何有效塑造青少年红色记忆,既契合了时代需求,又是对教育记忆史研究的深化,将教育记忆史研究与学校教育实践紧密结合,加强历史与现实的观照,亦是从研究对象、实践维度来拓展教育史学研究,深化教育记忆史研究。同时,"社会学有着扩大教育史范围和加强教育史学科内容的作用"①,通过借鉴历史学、社会学的记忆理论,引入文化记忆、社会记忆、集体记忆等相关的研究范式,将红色教育记忆的研究视野进一步打开,实现跨学科研究的融合。

另一方面,关注人的记忆,是马克思主义"以人为本"的体现。本研究

---

① [法]安多旺·莱昂著,樊慧英、张斌贤译:《当代教育史》,光明日报出版社1989年版,第57页。

关注教育发展历史进程中"人"的教育记忆与状态，这一研究思路正是马克思主义"以人为本"的体现。教育记忆史研究关注人的记忆，凸显以人为中心的研究取向，从学校教育的维度探究人的记忆建构内涵和路径。红色文化和红色基因，作为中国革命谱系的重要组成部分，是中华民族奋斗不息的精神动力，需要通过多元的教育途径来加强青少年的红色教育、强化其红色记忆和文化认同，为青少年发展提供精神力量和文化内核。习近平总书记强调，"少先队要高举队旗跟党走，传承红色基因，培育时代新人，团结、教育、引领广大少先队员做共产主义事业接班人，为坚持和发展中国特色社会主义、实现中华民族伟大复兴的中国梦时刻准备着"①。深入研究雨花教育记忆的理论框架和区域行动，是研究如何通过教育途径有效塑造青少年的红色记忆，发挥记忆对人的发展的潜在、有利影响，它不仅包含红色记忆塑造的理论指导，还包含实践层面的探索与改进，旨在更全面、更有效地推进红色教育，塑造青少年正确合理的红色记忆，在其内心埋下红色的革命种子，为其价值观、世界观和人生观塑造提供文化动力。

（二）现实意义

一方面，构建正确合理的红色教育记忆，彰显文化育人功效。记忆具有可重构性，是基于历史事实、结合时代发展诉求而进行的有效建构。对记忆的建构和重塑合理与否，则直接影响青少年和人民群众的集体记忆，进而对其认同产生深刻影响。教育记忆史研究，以教育记忆为切入点，梳理历史上真实的教育事件，重塑鲜活的教育场景，有助于青少年了解教育历史，而非集体记忆中偏颇的教育印象，避免集体记忆误入歧途。同时，以雨花红色教育记忆为研究主体，弘扬雨花英烈精神，通过不同研究维度，探究雨花红色记忆融入学校教育的路径，诸如学校文化创设、记忆空间建设、教育仪式举行、课程内容整合和教育活动开展等，为青少年构建

---

① 《习近平：传承红色基因　培育时代新人》，《人民日报》2020 年 7 月 24 日。

正确合理的雨花红色教育记忆。尤其是，红色文化、红色基因，作为区域内学校育人的文化因素，其在育人实践中发挥着重要作用，学校教育所采取的一系列教育活动，不仅能够使青少年清晰认识到何为雨花英烈精神及其具体内容，还对青少年的思想认识、价值认同等具有潜在影响，润物无声，具有以文化人之功效，有助于塑造青少年的身份认同、文化认同、民族认同和国家认同。

另一方面，加强学校教育的文化创新，为教育改革提供力量。文化创新是学校教育改革的重要支撑和精神力量，学校教育应立足区域文化特色，充分挖掘、利用区域内红色文化资源，以之来充实学校文化，深化教育教学改革。雨花英烈精神，作为南京市雨花台区特有的红色教育资源，带有深刻的区域文化印记，根植雨花红色文化资源，将雨花英烈精神深度融入学校教育全过程，实现红色雨花精神教育的入脑入心，对于学校教育的深化改革和育人模式具有深刻意义。尤其是随着"红色文化城"建设的深入，雨花红色文化则成为区域内学校教育改革的文化力量。但是，在现实的区域教育改革中，雨花红色文化与学校教育的融合，依然存在着系列困境，如学校红色文化建设缺乏系统设计、主体参与度不高、"重实践、轻理论"、"重研发、轻实施"、评价机制不健全等弊端，限制和束缚了学校的改革发展。基于此，本研究以区域红色教育为抓手，以雨花红色文化为研究主题，对学校的课程建设、教学实践、课外活动，以及学校的物质环境、空间建设和师生发展等进行全面系统研究，以期为区域学校改革发展提供文化创新思路，凝练办学特色，促进学校特色文化建设。以红色文化传承来促进学校文化创新，突破学校特色化办学的困境，为学校教育改革提供文化动力。

三、文献综述

(一)记忆史研究综述

记忆史概念的形成最早出现在 20 世纪初。法国社会学家莫里斯·哈布瓦赫在《记忆的社会框架》一书中提出了"集体记忆"的概念，他的《集体记忆》一书通过挖掘家庭、宗教等的集体记忆，阐述了其集体记忆的观点，如个体记忆与集体记忆的关系，集体记忆与时间、空间的关系，集体记忆与历史记忆之间的差异等。20 世纪 70 年代后期，新文化史学的兴起再度让"记忆"一词回到了历史研究的视线当中。"新文化史"领域的代表人物彼得·伯克（Peter Burke）将新文化史的研究主题分为五个层面："第一，物质文化的研究，如食物、服装等；第二，身体、性别研究；第三，记忆、语言的社会历史；第四，形象的历史；第五，政治文化史。"记忆史这一概念正式形成并开始成为学术界关注的焦点。

受到经济快速增长的终结，戴高乐主义、共产主义和革命观念的消退，国外压力的强烈感受三大因素的刺激，法国急需国民意识的再度形塑，在此背景下"记忆史"成为法国历史学界关注的焦点。20 世纪 80 年代中期，法国历史学家皮埃尔·诺拉（Pierre Nora）组织百余人的作者队伍，花费十年之久编写出版了三部七卷本的《记忆之场：法国国民意识的文化社会史》，探讨挖掘了法国国民意识形成之中的记忆之场，诺拉的一大贡献是创造了"记忆之场"一词，他认为教科书、档案馆、老兵协会、遗嘱等都因为承载了某种记忆而成为记忆的载体，也就是所谓的"记忆之场"。记忆史研究的另一重镇是德国。20 世纪 70 年代，德国历史学家扬·阿斯曼（Jan Assmann）与其妻子阿莱达·阿斯曼（Aleida Assmann）开始从跨学科的角度研究记忆，提出了"文化记忆"的概念，探讨"（集体）回忆、书写文化和民族起源之间的关联"，并构建起"功能记忆"和"存储记忆"的体系，逐步厘清了记忆的相关概念。另一德国学者哈拉尔德·韦尔策（Harald Welzer）在阿斯曼夫妇的研究成果上提出"社会记忆"这一概念，开始着眼于"一个大我群体的全体成员的社会经验的总和"的研究。

近年来，国际社会越来越重视对于记忆史的研究。联合国教科文组织（UNESCO）成立了"历史与记忆司"并启动了世界记忆遗产工程，将全球数百份文献列入人类永久记忆，这其中就包含在 2015 年入选的南京大屠杀历史档案。除此之外，国际历史学界关于记忆史的研讨会议也不胜枚举，如

2013 年在法国召开的"从记忆到历史"国际学术研讨会，通过二战老兵的回忆探讨了 20 世纪的战争创伤问题。

中国的记忆史研究最早始于 20 世纪 90 年代。受西方记忆史学的影响，中国台湾地区的学者们率先开展了一系列的研究。1993 年，中国台湾学者王汎森、王明珂等人发表了一系列文章，探讨了集体记忆与中国台湾族群认同的问题，将记忆史研究引入了华人世界。大陆学界直到 20 世纪末才开始关注到记忆史研究，受到西方记忆史理论影响的罗志田借助这一方法论分析了关于胡适形象的历史记忆与修复，沈坚则在西方记忆史学理论在中国的传播层面做了诸多的工作，郭辉提出将记忆史与中国实际情况相结合，创造了诸如"中共记忆史""改革开放记忆史"等诸多新的研究领域。当然，中国记忆史学界最值得一提的实证研究由赵世瑜完成，他通过对东南沿海一带民众的太阳生日传说的考察，论证了这一集体记忆中渗透的对明王朝的历史印象。近年来，随着哈布瓦赫的《论集体记忆》、诺拉的《记忆之场：法国国民意识的文化社会史》等书相继在大陆翻译出版发行，记忆史学开始成为中国历史学界的热点研究领域。

（二）教育记忆史研究综述

将记忆史与教育研究相结合成为国外教育史学界的一个热点。20 世纪末 21 世纪初，西班牙的教育史学者开始对教育记忆史研究产生浓厚兴趣，并逐步扩散到欧洲及拉丁美洲的教育史学界。2015 年 9 月，西班牙塞维利亚大学召开了"学校记忆——教育历史研究的新趋势"国际研讨会，围绕着"学校记忆"的主题展开探讨，包括教育记忆史的历史编纂学、史学方法论、学校生活、教师日记、校园建筑等讨论，以及女性传记中的学校记忆、电影与学校生活发展、教育历史与社会发展的互动等，从方法论、认识论等各种不同的角度探讨了 21 世纪初出现的"学校记忆"这一教育史新话题。会后，尤里·梅达（Juri Meda）和安东尼奥·维尼奥（Antonio Viñao）将会议论文集结成册为《学校记忆：教育史的新趋势》（School Memories：New Trends in the History of Education），将"学校记忆"定义为："首先，作为一种个体反思和重建个人学校经历的方式；其次是一种个体的、集体的或者公共的追忆学校历史的实践。事实上，这个术语还有第三种理解——虽然还不是很恰当，即它是由一个特定国家的学校和教育系统所传递和构建的社会记忆，即个体、社区和社会所构建的对于学校世界和教育过程的记忆"。

国内率先提出"教育记忆史"概念的是刘大伟与周洪宇，他们在 2018 年发表的《教育记忆史：教育史研究的新领域》一文，对教育记忆史的概念、价值、研究体系、研究方法、研究成果、表现形式等方面作了详细论述，并明确提出教育记忆史的概念，即"教育记忆史是专门研究教育参与者对于过往的教育人物、活动、事件等的个体记忆和集体记忆"①。随之，周洪宇进一步梳理了教育记忆史与教育史的内在联系，并从时空、史料运用和历史叙述等层面具体阐明了教育记忆史的研究特点，认为教育记忆史是将记忆的各种形式作为史料纳入历史叙述之中，成为其研究特色。② 由于教育记忆的载体较为丰富多元，针对不同的教育载体，形成了系列研究成果。在教科书的记忆载体研究上，教科书是塑造教育记忆的直接载体和媒介，通过对教科书的研究来展示记忆的塑造，也是教育记忆史研究的重要内容。张国松以历史教科书中的"南京大屠杀"为研究主题，详细梳理了各个历史时期中历史教科书对于"南京大屠杀"的书写，并指出"树立正确的历史观和世界观，反对战争、维护和平，防止历史悲剧的重演，是时代赋予中国教科书南京大屠杀历史书写的最终目标"③。刘金花则以俄罗斯重编历史教科书为研究切入点，详细梳理了俄罗斯旧版历史教科书的乱象和国家认同危机，并介绍了俄罗斯重编历史教科书的顶层设计与方法，以此

---

① 刘大伟、周洪宇：《教育记忆史：教育史研究的新领域》，《现代大学教育》2018 年第 1 期。

② 周洪宇、陈诗：《教育记忆史：研究教育史的新视角》，《教育学术月刊》2018 年第 8 期。

③ 张国松：《记忆与书写：中国教科书中的"南京大屠杀"（1938—2014）》，《历史教学问题》2020 年第 1 期。

来加强爱国主义教育，传承民族精神。① 同时，以俄罗斯卫国战争为研究
对象，详细梳理了俄罗斯在政府主导及支持下，依托卫国战争纪念仪式、
老战士回忆录、纪念建筑、历史教科书等"记忆之场"塑造爱国主义的意
义。② 也有学者以小学语文教科书为研究对象，就从其中关于战争题材内
容的书写论述了应如何形塑儿童的战争记忆，指出人教版小学语文教科书
中战争题材选文的特点。③ 在教育空间的媒介研究上，已有研究成果多是
集中于学校场域空间、纪念馆等方面，邱昆树以"文化记忆"为主题，指出
教育是"文化记忆之场"，需要在"课堂上强化传统文化内容、在校园里开
展集体仪式、在学校外组织研学旅行"等方面加强建设，承担起教育的文
化使命。④ 在教育记忆媒介的研究上，已有研究成果多是集中于"学校仪
式"，诸多学者均将学校仪式作为学校文化建设的载体，并深入探索了学
校仪式的文化记忆功能，指出学校仪式在"存储文化系统、强化身份认同、
引导文化行动"⑤等方面具有重要价值。此外，还有学者以教育记忆史为研
究视角，通过对陶行知纪念活动、大众形象的演变等来梳理陶行知形象的
历史演变。在此之前，教育史学家田正平一直以日记、回忆录、传记等为
线索研究教育问题，相继发表了《鸦片战争前后一位乡村塾师的生活世
界——〈管庭芬日记〉阅读札记》（2019）、《"只问是非、不计利害"——从
〈竺可桢日记〉看一位大学校长的精神境界》（2016）、《一位大学校长的理
念与情操——〈竺可桢日记〉阅读札记》（2015）、《读书·修身·治家——

① 刘金花：《俄罗斯重编历史教科书：建构苏联记忆与实施国家认同教育的策
略》，《比较教育研究》2019 年第 3 期。
② 卢立波、刘金花：《俄罗斯卫国战争历史记忆建构下爱国主义教育研究》，
《比较教育研究》2020 年第 11 期。
③ 李新、杨杨、杨喜群：《我们该如何形塑孩子们的战争记忆——基于人教版小
学语文教科书中战争题材内容的分析》，《上海教育科研》2017 年第 1 期。
④ 邱昆树：《形塑"文化记忆"：当代教育的文化使命》，《教育发展研究》2017
年第 3 期。
⑤ 缪学超：《学校仪式的文化记忆功能及实现路径》，《教育学报》2020 年第 2
期。

〈曾国藩日记〉阅读札记》(2014)等，通过对日记等历史记忆载体的考察，重现了当年的教育历史场景，为教育记忆史研究的开展提供了现实启示。

(三)"立德树人"研究综述

自党的十八大将"立德树人作为教育的根本任务"以来，学界关于"立德树人"的研究逐渐增多，备受学界的重视。

首先，关于立德树人的内涵研究。已有研究对立德树人的表述虽各有侧重，但基本观点较为一致。立德树人具有丰富深刻的内涵，富有中国特色，"立德"之要义，即坚持社会主义核心价值观教育是基础，中华优秀传统文化教育是源泉，倡导公民道德是核心。"树人"之指向，则是以树时代新人为追求、树社会主义建设者和接班人为坚守。[1] 立德就是要引导人明大德、守公德、严私德，树人则是培养担当民族复兴大任的时代新人。[2] 同时，立德树人具有世俗性、超越性和政治性等特征，是中国传统立德树人思想的基本特征，形塑了中华民族立德树人文化传统的精神气质。[3]

其次，关于立德树人的价值研究。已有研究多是仁者见仁，从个人、学校、社会、国家等不同维度进行了深入剖析，阐明了立德树人的现实价值与意义。立德树人是我国的重大教育方针，关系到民生问题，[4] 体现了党和国家对时代新人的要求和个人追求幸福生活的二者有机结合，[5] 是学生健康发展的风向标、践行社会主义核心价值观的具体体现以及实现中国

---

[1]　王嘉毅、张晋：《立德树人的科学内涵与现实要求》，《中国电化教育》2020年第8期。

[2]　白显良、崔建西：《新时代立德树人的价值定位、时代内涵及实践要旨》，《思想理论教育》2018年第11期。

[3]　高地：《立德树人：文化基因、世界经验与中国道路》，《东北师大学报》(哲学社会科学版)2018年第1期。

[4]　张剑：《立德树人》，教育科学出版社2014年版，第28页。

[5]　谢安国：《习近平立德树人思想的科学内涵与重大意义》，《国家教育行政学院学报》2018年第8期。

梦的助力。①

最后，关于立德树人的路径研究。实践路径研究涉及学校立德树人的工作实践，应健全德育工作体系、改进学校德育、强化德育实践、加强和改进德育评价，② 在落实中应加强机制建设，需要加强中国话语与理论研究来进行系统引领，同时改善动力机制、提升各主体立德树人的能力。③ 从微观路径来说，则需要加强思想政治教育工作团队、注重思想政治理论课改革、改进教学方法，④ 其关键在于加强师资队伍建设，⑤ 并需要个体的主观能动性，构建道德共同体，唤醒个体的道德自觉。⑥

（四）德育课程研究综述

关于德育课程的研究，研究视野多元、研究范围较大，理论研究和实践研究并重，并涉及各个学段。有学者从历史研究的角度，回顾梳理了中华人民共和国成立以来中小学德育课程建设的探索、重建、转型、深化与提升，并从价值转变、思维转变、类属转变等维度查明了德育课程建设的内在逻辑，认为中小学德育课程建设应强化和合的德育课程价值导向，促进主体具身化德育课程建设，推进全息育人的德育课程实施方式，将立德树人的根本任务落到实处；⑦ 同时，梳理了中华人民共和国成立70年来德

---

① 姜翰滨：《高校思政教育中落实"立德树人"的现实意义及其实践路径》，《现代教育科学》2018年第1期。

② 朱之文：《全面落实立德树人　大力推进基础教育公平优质发展》，《中国教育学刊》2018年第11期。

③ 袁振国、沈伟：《立德树人的落实机制：现状、挑战与对策》，《苏州大学学报》（教育科学版）2021年第1期。

④ 崔翠：《我国高校"立德树人"的路径选择》，《东南大学学报》（哲学社会科学版）2014年第16期。

⑤ 黄蓉生、崔健：《坚持把立德树人作为中心环节》，《国家教育行政学院学报》2017年第1期。

⑥ 徐蕾：《培养道德自觉：立德树人的现实路径》，《当代教育科学》2016年第15期。

⑦ 冯永刚：《中小学德育课程建设的回顾与前瞻》，《教育研究》2021年第12期。

育课程价值取向的演变历程，主张德育课程建设应坚持以学生为中心，重视传统文化，培育国民意识和弘扬法治精神。① 尤其是在社会主义核心价值观在中小学德育课程的融合中，应注重隐性视角的探索，将重点放在"关系"的搭建上，不仅要重视课堂内外与核心价值观学习相关联的生活经验，不断提升这些生活经验的道德属性，同时也要重视对学习者"关系思维"的培养。② 此外，德育课程建设应注重一体化建构，在促进多元主体合作共治的同时，还要实现课程要素、课程类型、课程设计思路等核心维度的整体建设，需要以课程制度体系建设为保障，以高水平专业化教师队伍为核心动力，以促进多元主体的协同育人为途径，全面有效提高德育课程的育人实效。③ 德育课程的建设与实施不能仅仅依靠课程，还需要加强协同合作。因此，需要加强德育活动与思政课的协同合作，应以思政课为核心、德育活动为拓展，对标思政课育人要求规范德育活动实施方案，借助德育活动贯通德育场域，实现家庭、学校、社会三位一体协同育人，并将德育活动评价作为学校教育评价体系的组成部分，明确评价方式与具体指标。④ 德育课程的资源建设要注意吸纳社会道德资源，将相关性、综合性和挑战性的道德资源引入德育课程与教学⑤；课程内容要考虑不同课程所蕴含德育内容的层次性，不同学科、专业和课程具有自身的独特性，课程德育需要与学生的成长需要与接受能力相适应，有针对性、层次性地丰富

---

① 孙婧、张蕴甜：《新中国 70 年德育课程价值取向的演变——基于 7 套人教初中德育教科书的文本分析》，《教育研究与实验》2019 年第 6 期。

② 王雅丽、鞠玉翠：《社会主义核心观融入中小学德育课程的隐性视角探索》，《中国电化教育》2021 年第 3 期。

③ 叶飞：《公共治理视角下德育课程一体化的理论构建》，《课程·教材·教法》2021 年第 3 期。

④ 张凤池：《学校德育活动与思政课的协同创新研究》，《中国高等教育》2020 年第 17 期。

⑤ 唐爱民、徐肇俊：《社会道德图景与学校德育变革：问题表征与实践诉求》，《中国教育科学》2021 年第 1 期。

德育内容。①

通过文献梳理可以看出，已有研究对德育课程的相关理论进行了系统研究，并取得了丰硕成果。具体体现在：一方面，研究视角多元，研究视野扩展。教育研究不再局限于单一视角，逐步向社会学、文化学、政治学等多视角转变，形成了跨学科、多维度的德育课程研究视野。另一方面，研究主题丰富，研究内容立体。已有研究深入阐释了立德树人、德育课程的内涵、本质及其价值，探究了德育课程的建构思路与路径。但是，综观已有研究，结合本研究主题，仍有进一步拓展的空间：第一，已有研究多是聚焦于宏观的立德树人、德育课程研究，缺乏对区域实践的探索与总结提炼；第二，已有的关于教育记忆的研究，多是聚焦在文化记忆、历史记忆和集体记忆等方面，教育记忆维度的研究还较为缺乏；第三，在学校教育中德育课程的建构研究方面，研究视角虽然多元，但多是聚焦于理论层面、宏观层面的理论梳理，对于实践层面关注度不够，尤其是在区域文化教育资源与德育课程的整体建构中，已有研究较为薄弱。综合以上分析，本研究以雨花记忆为切入点，借重文化记忆理论，以德育课程体系的区域实践为主题，既包含理论层面的研究，又关注于学校教育的实践，这也是本研究的创新之处。

四、研究方法

记忆史研究涉及史学、政治学、教育学、社会学等诸多学科问题，因此，研究方法不可拘泥于某一特定学科，而应该是以问题为导向的"跨学科"研究，具体而言：

（1）文献分析法：主要以历史文献、档案、报刊、教科书、回忆录等与研究主题相关的原始材料为基础，在史料爬梳与整理的基础上，对大量史料进行解读与分析，对其加以甄别、归类整理，全面构建雨花教育记忆

---

① 娄淑华、张丽敏：《大学教育中课程德育的定位解读、界域厘定和实践选择》，《社会科学战线》2022 年第 2 期。

的理论框架。

（2）教育叙事法：本研究运用教育叙事法，力图通过报刊、日记、文集、回忆录、言论等历史资料，以及具体教育仪式与活动的描述，对研究内容进行全方位、深层次的描写，以期在叙事研究中还原历史的真实，在教育叙事中揭示雨花教育记忆的传承与实施现状。

（3）个案研究法：本研究立足南京市雨花台区，以区域内具有代表性的学校为个案，具体研究其在雨花红色文化、英烈精神传承过程中所采取的实际举措，从活动仪式、课程构建、空间文化等维度，全面、立体地呈现其雨花教育记忆的构建和传承路径。

第一章 以学校记忆为内核的区域实践理论

2020年6月27日，习近平总书记在给复旦大学《共产党宣言》展示馆党员志愿服务队全体队员的回信中指出："希望广大党员特别是青年党员认真学习马克思主义理论，结合学习党史、新中国史、改革开放史、社会主义发展史，在学思践悟中坚定理想信念，在奋发有为中践行初心使命，努力为实现'两个一百年'奋斗目标、实现中华民族伟大复兴的中国梦贡献智慧和力量。"①这一回信体现了党和国家领导人对青年一代的重大期盼，尤其是在德育方面的高度重视。在2021年2月20日党史学习教育动员大会上，习近平总书记再次强调，"要抓好青少年学习教育，着力讲好党的故事、革命的故事、英雄的故事，厚植爱党、爱国、爱社会主义的情感，让红色基因、革命薪火代代传承"②。如何讲好党的故事，利用这一契机开展德育工作，让各种党的优良传统在青少年成长过程中入脑入心，引导青少年加深对中国共产党为什么能、马克思主义为什么行、中国特色社会主义为什么好等一系列问题的历史理解和把握，就需要我们能够在学习形式、学习方法上不断创新、提炼。党史学习教育动员大会上强调"要注重方式方法创新""要鼓励创作党史题材的文艺作品特别是影视作品，精心组织党史主题出版物的出版发行，发挥互联网在党史宣传中的重要作用"③。

---

① 《习近平给复旦大学青年师生党员回信勉励广大党员 在学思践悟中坚定理想信念 在奋发有为中践行初心使命》，《人民日报》2020年7月1日。

② 习近平：《在党史学习教育动员大会上的讲话》，《求是》2021年第7期。

③ 习近平：《在党史学习教育动员大会上的讲话》，《求是》2021年第7期。

依据党史学习教育动员大会的讲话指导思想，我们结合区域实际情况开始思考，如何能够实现德育的理论创新、方法创新、实践创新、推广创新，在这一基础上，结合我们长期以来坚持的教育记忆史理论研究，构建了富有时代特征和区域特点的一套学校记忆体系，真正实现红色教育的"入脑入心"。我们认为，教育记忆史是专门研究教育参与者对于过往的教育人物、活动、事件等的个体记忆和集体记忆。因为在人类的记忆当中，教育或与其相关的事件、活动占据了记忆中的很大一部分比重。就目前的学制而言，我们至少要接受长达二十年左右的教育，这就让我们的记忆始终绕不开教育的影子。例如小到对某一位老师授课风格的记忆，对某节课堂趣事的记忆，大到对重要教育事件如中考、高考的记忆。换句话说，教育记忆已经成为我们国民意识当中的重要一环，如影随形。如果能充分借助建构记忆的过程，借助各种载体，就可以将我们想要人们记住的内容永远被人们记住。当然，如果结合青少年教育来说，这一建构的过程更为聚焦，主要还是集中在学校教育阶段，这也是我们构想的最恰当路径：学校记忆。

第一节　学校记忆的意涵、价值及其建构

学校承载了很多人过往的教育记忆，在人类的记忆中占据了较大的篇幅，成为重要的"记忆之场"。依据法国学者皮埃尔·诺拉（Pierre Nora）提出的"记忆之场"概念来看，教科书、档案馆、遗嘱等都因为承载了某种记忆而成为载体，形成了特定的"记忆之场"。诺拉认为，"从'场所'一词的三种意义上来说，记忆之场是实在的、象征性的和功能性的场所，不过这三层含义同时存在，只是程度不同而已"①。从诺拉的这一观点来看，学校是典型的凝聚了三层含义的"记忆之场"：实在的记忆之场如校舍、雕塑、

---

① ［法］皮埃尔·诺拉主编，黄艳红等译：《记忆之场：法国国民意识的文化社会史》，南京大学出版社 2015 年版，第 20 页。

纪念碑、铭牌等，象征性记忆之场如升旗、入团入党宣誓、国家公祭日等各类教育仪式，功能性记忆之场如教科书、成长档案袋等。从成长阶段来看，求学时期往往是人的记忆力最好、精力最充沛的阶段，所以绝大多数人对学校记忆的印象是最为深刻的。既然"学校记忆"是一个广泛存在于受教育者印象中的存在，那么如果我们能够构建出一个美好的学校记忆，不仅有助于广大校友群体形成对学校的美好情感，同时在构建过程中还有利于优秀学校文化的凝练，并能够形成一种文化印记不断地传承下去。习近平总书记在全国教育大会上强调，"要全面加强和改进学校美育，坚持以美育人、以文化人，提高学生审美和人文素养"①，学校记忆正是通过构建"美"和"文"的文化印记，烙印学生心中对于学校的形象，构建在当下，发挥作用在未来。

一、什么是学校记忆

对于学校记忆的理解，中西方的理解呈现出一种趋同的倾向。意大利学者尤里·梅达和安东尼奥·维尼奥认为，学校记忆应该包含两层含义，"第一，个体对自己在校经历的反思过程，这一过程也是自我重塑的过程；第二，个体、集体或者公众对共享的在校经历的纪念过程"②，他们还进一步指出，学校记忆甚至应该是一种社会性的记忆，就像布尔迪厄和帕斯隆（Bourdieu & Passeron 1970）、布鲁纳（Bruner 1996）曾认为的，"由特定国家的学校或教育系统传递或构建的社会记忆"③，所以谈及学校记忆，应该"是与学校、在校时光、教学等相关的记忆，例如个体、集体和社会构建

---

①　《习近平在全国教育大会上强调坚持中国特色社会主义教育发展道路　培养德智体美劳全面发展的社会主义建设者和接班人》，《人民日报》2018 年 9 月 11 日。

②　Cristina Yanes-Cabrera · Juri Meda, Antonio Viñao（eds）. *School Memories New Trends in the History of Education*［M］. Cham：Springer International Publishing AG，2017：2.

③　Cristina Yanes-Cabrera · Juri Meda, Antonio Viñao（eds）. *School Memories New Trends in the History of Education*［M］. Cham：Springer International Publishing AG，2017：2.

的关于学校活动和教育过程的记忆"①。这一观点与我们遥相呼应，我们曾撰文指出，"就目前的学制而言，我们至少要接受长达二十年左右的教育，这就让我们的记忆始终绕不开教育的影子。例如小到对某一位老师授课风格的记忆、对某节课堂趣事的记忆，大到对重要教育事件如中考、高考的记忆。换句话说，教育记忆已经成为我们国民意识当中的重要一环，如影随形"②。尤里·梅达与安东尼奥·维尼奥也持这样的看法，他们认为，"从个体层面、世代层面和社会层面来说，学校教育已经成为幼儿、青少年和年轻人的惯常经历，此时'学校记忆'具有丰富的含义，它是一种生活经历，这种生活经历会以高度正式化的形态存在于个体记忆和集体记忆中"③。

换句话说，学校记忆已经从一种个体的生活记忆逐步被形塑为集体记忆，最终可能会演变为文化记忆。集体记忆这一观点是由法国社会学家莫里斯·哈布瓦赫（Maurice Halbwachs）提出，他将记忆研究从生物学领域拓展到社会学，认为研究"记忆是否存储在大脑或心灵中某个只有自己才能达到的角落"④是没有意义的，因为"人们通常正是在社会之中才获得了他们的记忆的。也正是在社会中，他们才能进行回忆、识别和对记忆加以定位"⑤。所以哈布瓦赫提出了一个"集体记忆和记忆的社会框架"，"我们的个体思想将自身置于这些框架内，并汇入到能够进行回

---

① Cristina Yanes-Cabrera·Juri Meda, Antonio Viñao（eds）. *School Memories New Trends in the History of Education*[M]. Cham：Springer International Publishing AG, 2017：2.

② 刘大伟、周洪宇：《教育记忆史：教育史研究的新领域》，《现代大学教育》2018年第1期。

③ Cristina Yanes-Cabrera·Juri Meda, Antonio Viñao（eds）. *School Memories New Trends in the History of Education*[M]. Cham：Springer International Publishing AG, 2017：2.

④ ［法］莫里斯·哈布瓦赫著，毕然、郭金华译：《论集体记忆》，上海人民出版社2002年版，第69页。

⑤ ［法］莫里斯·哈布瓦赫著，毕然、郭金华译：《论集体记忆》，上海人民出版社2002年版，第68-69页。

忆的记忆中去"①。哈布瓦赫的观点，实际上已经将记忆从心理学的研究领域剥离出来，完全演变成为一种社会学的研究，因为记忆是要依托他人的回忆才能存在，所以这是一种社会现象。从这一角度来看，学校记忆必然会成为集体记忆，因为自教育普及以来，学校承载的社会化功能已经成为集体"能够进行回忆的记忆"，如果越来越多的人拥有一段关于学校的记忆，那么每个人的学校记忆都能与他人的记忆相互依托，自然也就会成为集体记忆。事实上，近些年来关于学校集体记忆的"场域"经常会以影视作品的形式呈现在集体大众面前，如属于"60后"集体记忆的影片《老师好》，"70后"集体记忆的影片《那些年我们一起追的女孩》，"80后"集体记忆的影片《致青春》《匆匆那年》等，每次上映均能引发一波不同年代人群对于学校生活的集体回忆热潮，这种通过影视作品来引发集体记忆热潮的现象，正如阿莱达·阿斯曼（Aleida Assmann）所指出，"电影表现了孕育在社会中的记忆，并且通过一种艺术的形式赋予了它们在集体记忆中的客观立足点"②。

学校记忆一定是集体记忆，但却不一定会成为文化记忆。德国历史学者扬·阿斯曼（Jan Assmann）在批判哈布瓦赫"没有考虑将其记忆理论扩展到文化理论领域"③的基础上发展出了文化记忆概念。扬·阿斯曼"通过将哈布瓦赫的'集体记忆'概念分解为'交往记忆'和'文化记忆'而保留了他的区分"，将哈布瓦赫"排除在外的文化领域囊括在记忆研究中"④。扬·阿斯曼还将哈布瓦赫所谓的集体记忆"重命名为交往记忆"⑤，这种交往记

① ［法］莫里斯·哈布瓦赫著，毕然、郭金华译：《论集体记忆》，上海人民出版社2002年版，第69页。

② ［德］阿莱达·阿斯曼著，袁斯乔译：《记忆中的历史：从个人经历到公共演示》，南京大学出版社2017年版，第142页。

③ ［德］扬·阿斯曼著，金寿福、黄晓晨译：《文化记忆：早期高级文化中的文字、回忆和政治身份》，北京大学出版社2015年版，第39页。

④ ［德］扬·阿斯曼著，管小其译：《交往记忆与文化记忆》，《学术交流》2017年第1期。

⑤ ［德］扬·阿斯曼著，管小其译：《交往记忆与文化记忆》，《学术交流》2017年第1期。

忆是指同时代人共同拥有的记忆且存在代际，"随着它的承载者而产生并消失的"①。正如上文所举关于学校记忆电影的案例，不同时代人们的学校记忆是不同的，无论是物质性的校园场景还是象征性的教育仪式，抑或是功能性的教科书内容，每一代人对学校的记忆都是不同的，所以每一部影片只能是那一代人的学校记忆，而随着一代人的消失，这代人的学校记忆也会随之消亡。那么，学校记忆能否成为文化记忆永久地存在呢？答案是肯定的。扬·阿斯曼认为，与交往记忆是日常性的、口头性的、短暂性的不同，文化记忆由于依托高度成型的仪式、节日等，通过文字、图像、舞蹈等客观外化物固定下来，并具有专职的传统承载者，② 所以文化记忆能够保存得更加稳固与长久。他同时指出，在文化记忆中，"过去也不能被依原样全盘保留，过去正在这里通常是被凝结成了一些可供回忆附着的象征物"③。那么关于学校的记忆，有什么可以凝练成为文化记忆的呢？

对于这一问题，西班牙学者玛利亚·安德烈斯与荷兰学者布拉斯特以一幅版画为切入点予以了回答。他们通过对欧美近 20 年的艺术收藏品进行筛选，最终确定了一幅名为《喧闹的学校》(*The School in an Uproar*)的版画(见图 1-1、图 1-2)，因为这幅版画及其各种改编版本在过去一个多世纪里被欧美多国艺术家收藏，是描绘学校生活的"标志性"图像。④ 安德烈斯和布拉斯特通过对《喧闹的学校》进行解读后认为，这幅画作之所以能够成为标志性的学校记忆作品，"是因为它呈现出了大众集体记忆中非常熟悉的场景，比如老师离开后教室里喧闹的情景、老师突然回来后学生可能面临的惩罚

① ［德］扬·阿斯曼著，金寿福、黄晓晨译：《文化记忆：早期高级文化中的文字、回忆和政治身份》，北京大学出版社 2015 年版，第 44 页。
② ［德］扬·阿斯曼著，金寿福、黄晓晨译：《文化记忆：早期高级文化中的文字、回忆和政治身份》，北京大学出版社 2015 年版，第 51 页。
③ ［德］扬·阿斯曼著，金寿福、黄晓晨译：《文化记忆：早期高级文化中的文字、回忆和政治身份》，北京大学出版社 2015 年版，第 46 页。
④ Cristina Yanes-Cabrera · Juri Meda, Antonio Viñao (eds). *School Memories New Trends in the History of Education*［M］. Cham：Springer International Publishing AG，2017：11.

等"，"画作不仅唤起了人们的情感和思绪，还直接引发了人们对学校里那段最美好的时光的怀念之情"①。在这一研究里，版画已经成为凝聚大众对学校记忆的象征物，当其反复出现时，人们对学校的记忆也最终固化下来。而这一记忆远远超越了扬·阿斯曼对于交往记忆界定的 80~100 年的时间界限，已然成为文化记忆。无独有偶，皮埃尔·诺拉也反复以《两个孩子的环法之旅》这本出版于 1877 年的教科书为例，论证其百余年来在法国民众记忆中的演变历程，② 实际上这也是由学校记忆凝练为文化记忆的鲜活案例。

图 1-1　为法国版《喧闹的学校》，画家为 Jean Pierre Marie Jazet（1788—1871），1825 年，基于 Richter 的水彩画创作，私人收藏品。

①　Cristina Yanes-Cabrera · Juri Meda, Antonio Viñao（eds）. *School Memories New Trends in the History of Education*[M]. Cham：Springer International Publishing AG，2017：25.

②　[法]皮埃尔·诺拉主编，黄艳红等译：《记忆之场：法国国民意识的文化社会史》，南京大学出版社 2015 年版，第 22 页。

图 1-2 《喧闹的学校》英文版/法文版，画家 Henry James Richter，私
人收藏品。原载 Cristina Yanes-Cabrera Juri Meda, Antonio Viñao（eds）.
School Memories New Trends in the History of Education［M］. Cham：
Springer International Publishing AG，2017：17，18.

结合中西方关于集体记忆、文化记忆和学校记忆的研究，我们认为，
学校记忆应该是学校教育参与者围绕学校这一记忆之场形成的所有记忆，
包含参与者自发形成的日常记忆和学校构建形成的文化记忆，其中参与者
自发形成的日常记忆通常是非系统性的、短时效的，而由学校构建形成的
文化记忆以其物化的承载形式，确保了其在参与者记忆中存在的系统性和
长时段性。

就记忆主体即教育参与者而言，无论是日常记忆还是文化记忆，其形
成的学校记忆往往都是碎片化、非系统的。随着时间推移，日常记忆会逐
步淡忘，文化记忆也会失去传承的载体。如果遗忘占据了主流，那么关于
学校、教育的相关记忆就会出现偏差甚至走向相对立的一面。因而，有目

的、有意识地构建学校记忆，是解决学校遗忘、教育遗忘和文化遗忘的重要路径与措施。那么，谁来构建学校记忆？教育者显然是最合适的人选。在学校记忆的主体当中，教育参与者包含教育者和受教育者。教育者在其中发挥了双重作用，一方面他是学校记忆的主体，另一方面他也是构建学校记忆的主体，也就是说，教育者既是设计者也是记忆者，他通过记忆的具象化路径构建形塑了广大受教育者的学校记忆，当然这一过程也成为其自身的学校记忆。

二、为什么要构建学校记忆

当前，关于教育的记忆面临着"重'当下'而轻'历史'""重'理性'而轻'情感'"①的挑战，即过分关注当下忽视了历史，过分关注理性忽视了情感，这一趋势导致了对学校记忆的忽略，更不谈有意识有目的地构建学校记忆。事实上，关注并强化这方面的研究，"不仅可以从内部视角审视'学校记忆'（学校过去是什么样子或者说它如何塑造自己的形象），也从外部视角审视'学校记忆'（社会的精英群体和大众群体对学校有何感知），从而获取社会整体对教育体系的认知"②。因而，作为教育者也是学校记忆的构建者，一旦能够系统构建学校记忆，对于教育安全和国家文化安全的保障、社会整体形成对学校和教育的良好感知、优秀教育文化的传承以及受教育者个体经验性记忆的系统形成有着重要的作用和价值。

首先，系统构建学校记忆有助于保障教育安全和国家文化安全。习近平总书记在 2014 年 4 月中央国家安全委员会第一次会议上明确提出要构建包括文化安全在内的国家安全体系，③ 2019 年 11 月中共中央、国务院印

---

① 邱昆树：《形塑"文化记忆"：当代教育的文化使命》，《教育发展研究》2017年第 3 期。

② Cristina Yanes-Cabrera, Juri Meda. Antonio Viñao（eds）. *School Memories New Trends in the History of Education*［M］. Cham：Springer International Publishing AG，2017：5.

③ 《习近平主持国安委第一次会议：强调国家安全观》，https：//www.chinanews.com/gn/2014/04-16/6067900.shtml，2014 年 4 月 16 日。

发的《新时代爱国主义教育实施纲要》也再次强调"要加强国家安全教育"。这一系列讲话和文件的出台实际上是基于一种强烈的现实需要。当下，西方国家通过电视、电影、网络以及新媒体如推特、"油管"等各种方式和手段对我国进行意识形态渗透，大量带有西方资本主义意识形态的电影、电视、动漫、游戏从线上到线下，无时无刻不对青少年产生诱导，这一文化入侵试图潜移默化地影响我国青少年一代集体记忆的构建，严重影响了青少年的身份认同、政治认同和国家认同，如热衷于过西方洋节而遗忘了中华传统节日，热衷于 Cosplay 西方动漫人物而遗忘了中华传统服饰、中国历史上的杰出人物，热衷于阅读西方科幻小说而遗忘了中华优秀文化典籍。有学者在对学校调研后指出，"当前部分青少年在政治信仰、政治认同和社会主义立场上出现了不同程度的动摇，导致了我国的文化安全受到严重的威胁和挑战"①。可以说，一旦我们教育者不去占领记忆的阵地，那么有关中华优秀传统文化的记忆就会被逐步遗忘，这是危及教育安全和国家文化安全的大事。彼得·伯克列举了西方殖民者擦除印第安人传统宗教记忆的案例，"让他们从房屋呈环状排列的传统村庄里迁走，搬入新的村庄。在新的村庄里，房屋呈行状排列，从而擦除了记忆，让印第安人乐意接受基督的讯息"②，这虽然是数百年前西方殖民者使用的擦除记忆策略，但是当下的西方国家运用得不仅更为娴熟且更为隐蔽。如西方国家对香港青少年实施的擦除记忆策略，造成了一批香港青少年的记忆危机进而影响其身份认同，造成族群割裂。所以，从教育安全和国家文化安全的角度出发，系统建构学校记忆不仅是重要的、必要的，而且是非常紧迫的。

其次，系统构建学校记忆有助于社会对学校和教育形成良好感知。哈布瓦赫认为，"一个民族或一个社会的记忆是对过去的重构"，所以他"试

---

① 张凌洋、李本友：《青少年思想政治教育与国家文化安全》，《中国教育学刊》2020 年第 12 期。

② ［英］彼得·伯克著，丰华琴、刘艳译：《文化史的风景》，北京大学出版社2013 年版，第 54 页。

图揭示现在的情势是如何影响了人们对过去的历史具有选择性的感知的"①。这就意味着，社会对于学校的记忆往往是依赖于某一部分人的记忆和引导，这也是哈布瓦赫一直强调的记忆往往是依赖于他人才可能建构完成的。在当下自媒体发展极为迅猛的时代，人们形成社会记忆的渠道呈现出多样化的形态，往往会出现由于缺乏常识的错误或有意识的偏颇引导，导致社会对学校记忆形成一种误解，甚至于走向对立的一面。如胡金平批判了社会中"民国教育热"的现象，认为网络上流传的关于诸如民国"教育完全免费""教师待遇高""不惜代价办教育"等说法都是经不起历史考证的②。但这类学校记忆却能在互联网时代传播甚广，且不断涌现，也间接证明了在自媒体时代会有越来越多的人试图构建他人的记忆。这种现象一旦愈演愈烈，不仅仅会造成群体的记忆偏差，甚至会出现大量与官方记忆相对立的情况，导致记忆者出现身份认同危机。如一款玩家过亿的网络游戏中，荆轲的性别竟然是女性、李白的身份是刺客，③ 这些造成了大量沉迷于游戏的青少年出现历史认知的错误，一旦不能加以纠正，长期下去会造成社群的割裂。关于学校的记忆并不是简单的教育问题，而是重要的政治问题，保罗·康纳顿（Paul Connerton）认为，"控制一个社会的记忆，在很大程度上决定了权力等级。当今社会，借助信息处理机来组织集体记忆，不仅仅是个技术问题，而是直接影响到合法性，是控制和拥有信息的问题，是至关重要的政治问题"④。所以，如果我们忽视对学校记忆的系统构建，那么很可能会造成社会中大量的其他群体加入对学校记忆的争夺，既会造成拥有这一部分记忆的群体出现认知混乱和身份认同危机，同时也

---

① ［法］莫里斯·哈布瓦赫著，毕然、郭金华译：《论集体记忆》，上海人民出版社 2002 年版，序言第 58 页。

② 胡金平：《民国教育热的背后：一种想象性的社会记忆》，《教育发展研究》2014 年第 Z2 期。

③ 《荆轲竟然是女的，诗仙李白变成了刺客？全国小学生竟然都痴迷这款游戏》，见 https://www.sohu.com/a/133163344_720695，2017 年 4 月 10 日。

④ ［美］保罗·康纳顿著，纳日碧力戈译：《社会如何记忆》，上海人民出版社 2000 年版，导论第 1 页。

会造成学校形象及教育形象塑造话语权的丢失。

再次，系统构建学校记忆有助于受教育者家国情怀的确立。彼得·伯克在研究社会记忆时提出一个问题，即"为什么有些文化比其他文化更注重回忆过去"①。他通过对爱尔兰和波兰的历史分析后指出这是一种基于文化根基的原因，"当你拥有文化根基时，你会毫不在乎地以为这是理所当然的事情，而当你失去它们时，才会觉得有必要把它们找回来"②。与爱尔兰、波兰在历史上被侵占的情况相似，近代中国多舛的命运更是我们广大民众需要铭记的，而如果能在大众求学阶段系统构建并强化历史与文化等方面的记忆，对于受教育者家国情怀的确立是能够发挥极大作用和价值的。家国情怀这一抽象的概念，要想能够真正地入脑入心，上升为民族群体内心的文化记忆，最好的阶段就是在求学过程中，由学校记忆的构建者在教科书、档案、教学环境、教育仪式、教育活动等各环节精心设计，渗透历史文化的印记特别是近代以来历史创伤记忆，从而让受教育者群体从物质化、象征化和功能化等记忆载体中感受到文化脉络与历史传承，从而能够进一步内化为自身的记忆。如俄罗斯借助新版历史教科书的编写，"渗透了以爱国主义为核心的政治诉求及价值导向"，"通过文字符号或图像传达了一种意义和价值——大无畏的英雄主义精神与爱国主义美德，有利于建构年轻一代的价值记忆"③。俄罗斯从发挥功能性记忆的历史教科书重编入手，从历史的延续性中重建了学生的历史记忆及身份认同；而在光复初期的中国台湾，南京国民政府借助祖籍调查表这一载体，"在学校教育中组织学生开展祖籍调查"，"使学生认识到祖宗世系之所在"④，其目

①　[英]彼得·伯克著，丰华琴、刘艳译：《文化史的风景》，北京大学出版社2013年版，第59页。

②　[英]彼得·伯克著，丰华琴、刘艳译：《文化史的风景》，北京大学出版社2013年版，第60页。

③　刘金花：《俄罗斯重编历史教科书：建构苏联记忆与实施国家认同教育的策略》，《比较教育研究》2019年第3期。

④　程功群：《历史记忆与文化认同：光复初期台湾教育的"去殖民化"》，《教育研究与实验》2019年第4期。

的是想借助对中华民族的根源性回溯，改变日本侵略者"通过篡改新一代的历史记忆来让新一代中国台湾人成为'日本人'"①的境况。当然，无论是教科书，还是祖籍调查表，抑或是升旗、入团入党宣誓等教育仪式，其目的都是希望能够通过强化受教育者在学校场域中的相关历史文化记忆，通过潜移默化的形式被受教育者永久牢记。

最后，系统构建学校记忆有助于个体记忆的丰富及爱校情结的形成。就个体而言，关于学校的记忆是一种"有人栖居"的功能记忆，具有"群体关联性、有选择性、价值联系和面向未来"②，所以这种记忆是鲜活的，值得被记忆者反复回味的。但功能记忆却存在着一个重要问题，即"随着时间推移，许多来自鲜活经验储备的东西必然会被遗留在这些故事之外，从不被讲起或说出来"③，这种记忆的遗忘对个体而言是关于学校的相关存储内容的丢失，而对学校而言，则会形成对学校情感的淡忘。所以，对于一些特别重视校友资源的学校来说，通过一些影像手段、口述手段、文字手段，构建师生对"有人栖居"的学校形成美好记忆；同时，也要将学校"无人栖居的遗留物和变得无人认领的库存"，"重新得到整理，使它们重新提供与功能记忆相衔接的可能性"④，这样可以帮助校友回忆起当年的校园生活，丰富更多的个体记忆内容，并借助各种记忆载体凝聚个体对学校的情感与认同。

总而言之，构建系统的学校记忆是一种长效的机制，借助这种机制，将当下学校内发生的各类教育活动和行为，借助特殊的载体内化为受教育者的记忆之场，在未来发挥起特有的价值，特别是在教育认同、文化认同上的作用。诺拉指出，"历史之所以召唤记忆之场，是因为它遗忘了记忆

---

① 周洪宇、陈诗：《教育记忆史：研究教育史的新视角》，《教育学术月刊》2018年第8期。

② ［德］阿莱达·阿斯曼著，潘璐译：《回忆空间：文化记忆的形式和变迁》，北京大学出版社2016年版，第147页。

③ ［德］阿莱达·阿斯曼著，潘璐译：《回忆空间：文化记忆的形式和变迁》，北京大学出版社2016年版，第148页。

④ ［德］阿莱达·阿斯曼著，潘璐译：《回忆空间：文化记忆的形式和变迁》，北京大学出版社2016年版，第147页。

之场，而记忆之场是尚存有纪念意识的一种极端形态"①，所以，当未来关于学校及教育的记忆走向遗忘甚至出现背离之时，当前我们埋下的学校记忆则可以发挥重要作用。

三、具象化：构建学校记忆的路径

学校记忆是抽象的概念，只有借助具象化才能够将其落实到学校的每一个事物上来。皮埃尔·诺拉提出记忆之场的三重维度，即实在的、象征性的和功能性。借助诺拉的观点，我们可以从物质、象征和功能三个方面入手，系统构建受教育者关于学校的记忆。

物质性记忆是承载于实在的物质之上，这些客观外化物是凝聚学校记忆最显著的存在体。就学校而言，可以从实物命名、建设场馆、树碑、塑像、造湖等多个层面入手构建关于学校的记忆。这些客观外化物形成了记忆者特有的一种符号认知，"具有支撑回忆和认同的技术性作用"②。在命名上，学校可以考虑以历史上有着重大影响并发挥重要作用的人物或事，为学校的建筑物、道路、广场等实物命名，可以借鉴以下几所大学的做法：复旦大学为纪念陈望道命名的望道路，中山大学为纪念孙中山构建的逸仙路和中山楼，南开大学为纪念张伯苓和陈省身的伯苓楼和省身楼，天津大学为传承"北洋大学堂"历史而命名的北洋广场等。在建馆上，学校可以根据学校发展特色建设各种符合学校特征的纪念场馆，根据国内学校情况，各校最合适的是推进校史馆建设并发挥好入学第一课的功能，如南京晓庄学院在 1927 年陶行知创办的晓庄师范旧址犁宫上复建的陶行知纪念馆。纪念碑也是构建学校记忆的重要场所，各校可以借鉴 1936 年哈佛大学300 年校庆时中国哈佛校友捐赠的龙首龟身纪念碑，在校内重要场所树立相关纪念碑，如上海交通大学、西安交通大学等共同设立的标志性建筑

---

① ［法］皮埃尔·诺拉主编，黄艳红等译：《记忆之场：法国国民意识的文化社会史》，南京大学出版社 2015 年版，第 10 页。

② ［德］扬·阿斯曼著，金寿福、黄晓晨译：《文化记忆：早期高级文化中的文字、回忆和政治身份》，北京大学出版社 2015 年版，第 46 页。

"饮水思源"碑。塑像也是能够凝结学校记忆的重要场所，世界上有名的如哥伦比亚大学老图书馆门前的智慧女神塑像，已经成为哥伦比亚大学的一张国际交流名片。因而各校可以参照这一做法，将学校历史上著名人物塑造成像，置于学校核心位置，成为学校的地标物。校内湖泊也是非常重要的记忆承载物，国内最有名的当属北京大学的未名湖。对于大学而言，校内湖泊是年轻人相聚游玩的重要场所，也是日后记忆中极为重要的场所，是凝聚友情、爱情的承载物，所以大学可以通过造湖构建受教育者的相关记忆。纪念品也是承载记忆的重要实物，学校可以为每一位学生制作具有特色的纪念品，在毕业典礼或毕业周年纪念上赠送，使之成为学生永久珍藏的物品，成为联系母校的重要纽带。此外，我们还可以借助刻石、挂像等多种形式，将关于学校的物质性记忆落实到每一个实物上。

象征性记忆借助各类教育仪式来承载。保罗·康纳顿认为，"有关过去的意象和有关过去的记忆知识，是通过（或多或少是仪式性的）操演来传达和维持的"[1]，而通过教育仪式的操演，受教育者形成了关于教育的身体记忆以及文化记忆，这些是内化的记忆。仪式的操演则需要节日，"节日和仪式定期重复，保证了巩固认同的知识的传达和传承，并由此保证了文化意义上的认同的再生产"[2]。所以，从学校的角度来说，创建并借助各类节日，通过教育仪式的操演，是构建受教育者学校记忆的重要渠道。当然，在学校众多的仪式当中，升旗、入队、入团、入党等常规政治仪式的操演是教育者尤为要关注的，因为政治仪式"能够产生出热烈的大众情感"[3]，这种强烈的集体情感迸发由于具有共鸣性，在将来肯定会演变成为这一群体的共同记忆，这不仅仅是对学校的记忆，而且是对仪式中政治象

---

[1] ［美］保罗·康纳顿著，纳日碧力戈译：《社会如何记忆》，上海人民出版社2000年版，第40页。

[2] ［德］扬·阿斯曼著，金寿福、黄晓晨译：《文化记忆：早期高级文化中的文字、回忆和政治身份》，北京大学出版社2015年版，第46页。

[3] ［美］大卫·科泽，王海洲译：《仪式、政治与权力》，江苏人民出版社2015年版，第209页。

征的记忆，最终还会演化成为受教育者的文化记忆和身份认同。政治仪式中还有一类是伤痛记忆，如国家公祭日，因为这一类是具有强烈文化创伤的记忆，一旦通过学校仪式固化，"最终导向集体身份认同的革新和集体记忆的再造"①。除政治仪式外，学校还可以借助各类节日尤其是中华传统文化节日的契机举办纪念活动，如在春节、元宵节、端午节等节日里，安排学生写对联、猜灯谜、包粽子等具有显著特征的节日活动；在开学、放假、十周岁、十八周岁等时间段安排诸如破蒙、开学典礼、成长礼、成人礼、毕业典礼等活动，通过"体化(incorporating)实践"②形成对文化特有姿势的记忆。如有学校借助文庙举行开学典礼，"人们甚至还会行使一些和古人相同的仪式，他们点起香，朝拜孔子"③，这一系列的仪式操演可以借助身体的实践实现教育的文化记忆传承。当然，如果能够将教育仪式的举行场所置于学校显著物质性记忆场所如主大楼、纪念碑、塑像等地举办，则可以形成显著的叠加效应，如南京晓庄学院将师范生入学第一课置于陶行知纪念馆举行，在陶行知墓前宣誓陶行知撰写的乡村教师"我们的信条"，这一入学仪式成为众多晓庄毕业师生的永恒记忆。④

功能性记忆一般承载于教科书、教育图画、教育戏剧等场域中。阿斯曼夫妇认为，"主体的构建有赖于功能记忆，即通过对过去进行有选择、有意识的支配。这些主体可以是集体、机构或者个体，但不管怎样，功能记忆与身份认同之间的关系都是一样的"⑤。所以，从这一点来说，功能性记忆更具有选择性与支配性，记忆构建者的主动性也会得到凸显。

---

① 李红涛、黄顺铭：《记忆的纹理：媒介、创伤与南京大屠杀》，中国人民大学出版社2017年版，第27页。

② [美]保罗·康纳顿著，纳日碧力戈译：《社会如何记忆》，上海人民出版社2000年版，第91页。

③ 周洪宇、陈诗：《教育记忆史：研究教育史的新视角》，《教育学术月刊》2018年第8期。

④ 根据2020年5—8月对南京晓庄学院30位师生口述史访谈整理。

⑤ [德]阿莱达·阿斯曼、扬·阿斯曼：《昨日重现——媒介与社会记忆》，载冯亚琳、[德]阿斯特莉特·埃尔主编，余传玲等译：《文化记忆理论读本》，北京大学出版社2012年版，第27页。

因为物质性记忆、象征性记忆这两类记忆因为文化底蕴的固化，学校记忆的构建者很难有主观能动性的创造发挥，而功能性记忆由于具有选择性，因而也可以形成更具学校特色的记忆。在教科书这一层面上，学校要注重发挥校本教材的作用，编写具有地方和学校特点的教科书，让教材成为重要的记忆之场。事实上，在"80后"的记忆当中，人民教育出版社出版的系列教材已经成为重要的记忆之场，如人民教育出版社英语教材中的"李雷"和"韩梅梅"两个虚拟人物，从2005年开始就掀起了"80后"的集体记忆热潮，从网络回忆到同名漫画、同名歌曲，再到同名话剧、微电影、电视剧。这一热潮的出现，正如这套教材编者之一张献臣所说的，这一教材会让这一批"80后""自觉或不自觉地回想起那一段充满美好与乐趣、童真与幻想的学习生活，那一段共同的'集体记忆'"①。借助这一案例，无论大学还是中小学都完全可以形成一套体系化的校本教材，固化教材人物形象设计，凸显外貌特征和性格特点，以情节推动并贯穿始终，陪伴学生共同成长，与学生的生活世界相融，并最终成为永久的学校记忆。教育戏剧则是另一类有代表性的功能性记忆之场，即通过融合学校历史编写戏剧再经过一代代人的传承演出，从而形成一种对学校历史和文化的身份认同，如南京大学从2012年首演的话剧《蒋公的面子》，以南大校史为题材，揭示了知识分子在强权前的复杂心态。这一话剧经过近十年的演职员更迭，成为南大学子代表性的记忆之场。此外，学校还可以借鉴上文中所述的欧美学校版画，设计一套标志性的、能够体现学校特色的图片，并能够贯穿教育过程始终，最终也能成为受教育者的学校记忆。

第二节　以学校为中心的区域红色记忆课程构想

物质性记忆、仪式性记忆、功能性记忆作为学校记忆的核心要素，最

---

① 张献臣：《"李雷韩梅梅"：从教材虚拟人物到80后集体记忆》，《中华读书报》2012年12月12日。

终还是要落实到课程上，才能借助课程的设计和教学的实施，不断烙印在学生的心中。而在课程设计开发的过程中，区域范围内的红色资源是我们需要借助的重要载体。习近平总书记高度重视红色资源对年轻一代发挥的德育价值，他多次强调，"革命博物馆、纪念馆、党史馆、烈士陵园等是党和国家红色基因库。要讲好党的故事、革命的故事、根据地的故事、英雄和烈士的故事、加强革命传统教育、爱国主义教育、青少年思想道德教育，把红色基因传承好，确保红色江山永不变色"①。作为本课题研究的重要实践基地，南京市雨花台区拥有中国规模最大的纪念性陵园、全国爱国主义教育示范基地——雨花台烈士陵园，因而，用好讲好身边党的故事、革命的故事，将红色基因渗透进青少年思想道德教育的每一个角落，真正地将爱国主义教育入脑入心，是本课题组需要思考的重要问题。习近平总书记 2014 年 12 月在考察雨花台烈士陵园后指出，"要注意用好用活丰富的党史资源，使之成为激励人民不断开拓前进的强大精神力量"，那么如何用好用活身边的红色资源，使之成为学校记忆推进的重要源泉，让每一位接受红色教育的孩子在革命传统教育、爱国主义教育、青少年思想道德教育等方面与众不同，是事关学校记忆能够全面推广的关键所在。

一、学校记忆"变红"的理论源泉

本课题组之所以选择雨花台区作为合作实践基地，是因为就江苏省内而言，雨花台区拥有得天独厚的区域红色优势；但相较于延安、井冈山、瑞金等城市来说，这一红色资源并不能凸显为独特优势。因而要想形成具有国内独特优势和特色的红色学校记忆课程体系，就必须要在理论研究上寻求重大突破，最终构建以理论研究为引导以及行动研究为推广的课程体系模式。结合习近平总书记全国教育大会上提出的六个"下功夫"重要论述，我们认为，要真正实现理想信念、爱国主义情怀等方面的入脑入心，

---

① 《习近平在河南考察时强调　坚定信心埋头苦干奋勇争先　谱写新时代中原更加出彩的绚丽篇章》，《人民日报》2019 年 9 月 19 日。

记忆理论是一种与红色德育课程体系构建高度契合的理论依据。

德国学者扬·阿斯曼在涂尔干、哈布瓦赫关于集体记忆的论述基础上发展出了文化记忆概念。他批判了哈布瓦赫"没有考虑将其记忆理论扩展到文化理论领域"①，并"通过将哈布瓦赫的'集体记忆'概念分解为'交往记忆'和'文化记忆'而保留了他的区分"，将哈布瓦赫"排除在外的文化领域囊括在记忆研究中"②。扬·阿斯曼认为，文化记忆作为一种机制，"被外化、对象化并以符号的形式储存"，"这些符号形式是稳定的、超越情境的：它们可以从一种情境向另一种情境迁移，并从一代传递给另一代"③，其探讨的核心问题是"文化过程中的动态机制以及凝聚性结构的升级、稳固、松动和解体"④。他进而指出，"包括仪式、舞蹈、神话、图式、服装、饰物、文身、路径、绘画、景象"的客观外化物构建出的符号系统"具有支撑回忆和认同的技术性作用"⑤。按照扬·阿斯曼的观点来看，客观外化物构建的这套记忆体系已经固化并成为族群身份认同的重要核心。他的夫人阿莱达·阿斯曼则分析了文化记忆的形式与变迁，提出了文化记忆依托的媒介载体，如文字、图像、身体、地点等，并进一步指出，"鲜活的记忆将会让位于一种由媒介支撑的记忆，这种记忆有赖于像纪念碑、纪念场所、博物馆和档案馆等物质的载体"⑥。也就是说，文化记忆需要借助一定的客观外化媒介，以高度成型的被创建的仪式或活动，让其内化为某一

---

① ［德］扬·阿斯曼著，金寿福、黄晓晨译：《文化记忆：早期高级文化中的文字、回忆和政治身份》，北京大学出版社 2015 年版，第 39 页。

② ［德］扬·阿斯曼著，管小其译：《交往记忆与文化记忆》，《学术交流》2017年第 1 期。

③ ［德］扬·阿斯曼著，管小其译：《交往记忆与文化记忆》，《学术交流》2017年第 1 期。

④ ［德］扬·阿斯曼著，金寿福、黄晓晨译：《文化记忆：早期高级文化中的文字、回忆和政治身份》，北京大学出版社 2015 年版，第 8 页。

⑤ ［德］扬·阿斯曼著，金寿福、黄晓晨译：《文化记忆：早期高级文化中的文字、回忆和政治身份》，北京大学出版社 2015 年版，第 46 页。

⑥ ［德］阿莱达·阿斯曼著，潘璐译：《回忆空间：文化记忆的形式和变迁》，北京大学出版社 2016 年版，第 6 页。

群体的集体认同。英国哲学家彼得·伯克也认为仪式对记忆的形成起着重要的作用，他指出，"仪式重新唤起了对过去的记忆，是记忆的行为，但它们也试图把某种解释强加于过去、塑造记忆，从而构建社会认同"①。从西方学者对文化记忆的研究来看，普遍认为，记忆对于强化社会认同、实现文化的代际传承有着重要的作用，而且通过场所、仪式等形式可以发挥一种润物细无声的作用，即"社会通过构建出一种回忆文化的方式，在想象中构建了自我形象，并在世代相传中延续了认同"②。

　　所以，要想让德育真正能够入脑入心，甚至能够与人的成长始终相伴，我们就要借助记忆的相关理论，重新对红色德育课程体系进行梳理，通过课程、教学、环境设置等一系列手段，让红色记忆永恒存在于青少年的集体记忆当中，成为群体代际传承的记忆。在这一方面，法国哲学家皮埃尔·诺拉曾作过研究，他分析了《两个孩子的环法之旅》的儿童课本在法国民众集体记忆中的百年变迁历程，认为这一儿童课本已经成为法国民众的国民记忆之场。③ 通过借鉴诺拉的研究，我们需要思考的是，如何能够让红色教育成为我们的国民记忆，永久生根，代代相传。我们曾撰文指出，我们需要"通过对集体记忆中的教育行为的考察，分析上述教育活动对构建社会记忆、公共记忆的价值，甚至于其在国民意识形成中的深层次影响作用"④，通过分析那些永久留存的记忆和永久遗忘的记忆，找寻一种入脑入心记忆的历史规律与现实构建路径，我们的红色德育才能真正地从学校记忆发展成为文化记忆，进而深化根植于国民内心的文化自信。

---

　　① ［英］彼得·伯克著，丰华琴、刘艳译：《文化史的风景》，北京大学出版社2013年版，第53页。

　　② ［德］扬·阿斯曼著，金寿福、黄晓晨译：《文化记忆：早期高级文化中的文字、回忆和政治身份》，北京大学出版社2015年版，第8~9页。

　　③ ［法］皮埃尔·诺拉主编，黄艳红等译：《记忆之场：法国国民意识的文化社会史》，南京大学出版社2015年版，第22页。

　　④ 刘大伟、周洪宇：《教育记忆史：教育史研究的新领域》，《现代大学教育》2018年第1期。

二、以记忆为内核的红色德育课程体系区域推进

结合记忆理论及我们开展多年的教育记忆、学校记忆研究，我们在已经推行多年的《南京市雨花台区中小学红色教育实施指南》基础上，结合法国哲学家皮埃尔·诺拉提出的记忆之场观点，设计了"物型课程记忆""仪式课程记忆""功能课程记忆"三个独立板块，通过三个板块相互渗透，以帮助区域内学生能够形成具有典型红色特征的教育记忆并入脑入心，实现"做在当下，功在未来"的长久立德树人目标，也凝聚了党的十九届五中全会提出的"举旗帜、聚民心、育新人、兴文化、展形象"的使命任务。

（一）物型课程记忆

物型课程记忆是指通过物型课程构建的文化记忆。物型课程是"以知识和见识的物化造型为载体，以人与物的在场互动、实践生成为主要教学形式的综合课程"①，它强调发挥环境育人的课程作用。物型课程的提出将学习环境纳入了课程体系，具有一定的创新性，但物型课程并没有涉及场所对人的记忆所起到的重要作用。诺拉提出的"记忆之场"概念中，物质化是非常重要的凝聚群体记忆的场域，如教科书、作业本、校园雕塑、纪念碑、校内河流湖泊、铭牌等，都会在日后长远的历史进程中成为群体的记忆载体。阿莱达·阿斯曼认为，物品的可触及性对记忆的诱发效果是极强的，"'没有源自回忆本身的物体化'，回忆将悄无声息地消失"②。就学生群体来说，物质化环境中的教育意义和价值一旦触发，对于这一学习群体产生的影响会终身持续，并且随着时间的沉淀，内化为群体的文化记忆。当我们看到一群白发苍苍的校友回校指认当年读书、吃饭、娱乐，甚至恋爱的场所并产生由衷的一种认同感，这种物型课程记忆就在发挥积极的

① 马斌：《物型课程：化万物以育人》，《人民教育》2019年第9期。
② ［德］阿莱达·阿斯曼著，袁斯乔译：《记忆中的历史：从个人经历到公共演示》，南京大学出版社2017年版，第132页。

作用。

鉴于物型课程的重要价值，我们高度重视学校内外教育环境中红色元素的规划与布置，希望通过这一有意识有目的的行为让红色教育思想潜移默化地入脑入心。首先是关注校内实物的命名。雨花台烈士陵园有 1519 名留有姓名的烈士，通过梳理这些烈士的革命故事，通过区域统筹，以一些重要的、有代表性的烈士为各学校的道路、广场和建筑命名，并配以铭牌介绍烈士的成长及革命过程，让学生始终生活在红色氛围当中。其次是鼓励并投入一定资金支持区内学校建设纪念馆，展陈命名校内建筑物的革命烈士及相关人物，尤其是发掘与学校历史有关联的革命人物故事，将纪念馆作为入校第一课的重要教育场所。再次是加大扶持支持区域内学校竖立纪念碑或纪念雕塑，将这一场域塑造成为爱国主义思想教育的重要场所，将一些活动如国家公祭、入学仪式、成长仪式、青春仪式和成人仪式放在纪念碑或雕塑下举行，将仪式与场域的记忆糅合。最后是注重发挥纪念品的价值作用，将雨花台革命烈士的故事与雨花台区的雨花石文化融合，制作出独具雨花特色的毕业纪念品；同时举行"我为烈士种棵树"活动，将树木做成终身纪念品，通过实物性纪念品构建与红色元素的终身联系。

(二)仪式课程记忆

仪式课程记忆是通过课程化的仪式教育构建文化记忆。仪式是记忆的重要载体，保罗·康纳顿认为，"有关过去的形象和有关过去的回忆性知识，是在(或多或少是仪式的)操演中传送和保持的"①。对于这一观点，扬·阿斯曼也深表认同，他指出，"节日和仪式定期重复，保证了巩固认同的知识的传达和传承，并由此保证了文化意义上的认同的再生产"②。近年来，国内学者对学校仪式的文化记忆功能关注逐步增多，有学者认为，

①　[美]保罗·康纳顿著，纳日碧力戈译：《社会如何记忆》，上海人民出版社2000年版，导论第 4 页。

②　[德]扬·阿斯曼著，金寿福、黄晓晨译：《文化记忆：早期高级文化中的文字、回忆和政治身份》，北京大学出版社 2015 年版，第 52 页。

学校仪式"在存储文化传统、强化集体成员的身份认同，以及引导正确的文化行动方面发挥着独特的功能"①。考虑到仪式教育在文化记忆传承中的重要价值和作用，我们利用雨花台烈士陵园这一天然的仪式教育载体，设计了一系列的仪式课程，通过仪式强化学生的民族认同感和国家归属感。雨花台区教育局为区域内学生每人发放了一本"我的红色护照"，利用重要节日、纪念日开展仪式教育。如清明节期间分批次组织全区学校赴雨花台烈士陵园开展祭扫活动，结合学校物型课程的学习熏陶，讲解英烈故事，并举行雨花台烈士命名的英雄中队授旗仪式。这一在雨花台烈士陵园举行的系列仪式教育是极具效果和影响力的，对于学生而言是一种真正的"入脑入心"教育，因为文化记忆的起源与核心就是悼念亡者，"一个集体在回忆中建立了与亡者的联系，从而确认自己的认同"②。除公祭活动外，区域内学校的青春仪式、入团仪式、入队仪式、离队仪式等，这类仪式一是注重举行的场所，要么是在校内的标志性红色雕塑或纪念碑，要么是直接在雨花台烈士陵园内举行；二是特别注意这类仪式的主持者，通过邀请一些如老革命家、国家建设功勋元老、烈士后代、雨花台烈士陵园的研究者，通过场域、人物和仪式的三者结合，将仪式教育中的红色元素牢牢印记在学生心中。

在具体的实施过程中，考虑到年龄段的差异，分学段设计仪式课程体系，在原有的《江苏省未成年人基本文明礼仪规范》的"四仪八礼"的"入学仪式、成长仪式、青春仪式、成人仪式"基础之上，结合小学、初中、高中的不同年龄段分别设计了不同课程目标的公祭仪式、党日仪式、团日仪式、队日仪式等，既符合了学生的道德认知的发展水平，也增强了教育仪式的红色元素。

---

① 缪学超:《学校仪式的文化记忆功能及实现路径》,《教育学报》2020 年第 2期。

② [德]扬·阿斯曼著，金寿福、黄晓晨译:《文化记忆:早期高级文化中的文字、回忆和政治身份》,北京大学出版社 2015 年版，第 58 页。

（三）功能课程记忆

功能课程记忆根据法国哲学家皮埃尔·诺拉在"记忆之场"论述的观点发展而来。诺拉指出，"从'场所'一词的三种意义上来说，记忆之场是实在的、象征性的和功能性的场所，不过这三层含义同时存在，只是程度不同而已"①，也是我们上述的三类：实在的——物型课程记忆，象征性的——仪式课程记忆，以及功能性的——功能课程记忆。阿斯曼夫妇认为，"主体的构建有赖于功能记忆，即通过对过去进行有选择、有意识的支配。这些主体可以是集体、机构或者个体，但不管怎样，功能记忆与身份认同之间的关系都是一样的"②。从阿斯曼夫妇的观点来看，功能性记忆的建构色彩更为浓厚，选择性、支配性更强，这对于学校而言，发挥主观能动性的可能性更大，也就意味着可以将更多的内容包含到功能课程记忆当中。

功能课程记忆目前主要是借助地方课程的开设以及地方红色教材的开发逐步推进。目前，结合雨花台区部分学校编写的《雨花英烈读本》和南京晓庄学院出版的《雨花十英烈》，拟由雨花台区教育局协调推进区域内地方红色教材的编写并设置固定课时。在功能课程记忆中，地方教材开发和地方课程开设会发挥极为重要的作用。在这一方面，我们借鉴了20世纪90年代人民教育出版社开发的初中英语教材，其中的"李雷"和"韩梅梅"两个虚拟角色从2005年开始掀起了"80后"的集体记忆热潮，在网络上出现的各种回忆文章，涌现的同名漫画、歌曲以及后来出现的微视频、电视剧等，反映出设计合理的课程和教材会给一个时代的受教育者终身的记忆。教材编者之一张献臣认为，这套教材让"80后""自觉或不自觉地回想起那

---

① ［法］皮埃尔·诺拉主编，黄艳红等译：《记忆之场：法国国民意识的文化社会史》，南京大学出版社2015年版，第20页。

② ［德］阿莱达·阿斯曼、扬·阿斯曼：《昨日重现——媒介与社会记忆》，载冯亚琳、［德］阿斯特莉特·埃尔主编，余传玲等译：《文化记忆理论读本》，北京大学出版社2012年版，第27页。

一段充满美好与乐趣、童真与幻想的学习生活，那一段共同的'集体记忆'"①。我们借鉴人教社这一套教材及课程的设置，开发出"英英"和"烈烈"两个虚拟人物，根据不同年龄段设置不同的形象和语言，通过教材、微视频、虚拟VR等形式进入地方课堂，讲述英烈故事、雨花底蕴等。我们希望通过这样的一种形式，让在雨花台区受过教育的孩子，能够形成集体关于"英英"和"烈烈"的回忆，由此回想起"英英""烈烈"带他们讲过、看过、想过的红色革命往事，真正地实现教育在当下、记忆在未来的作用。

---

① 张献臣:《"李雷韩梅梅":从教材虚拟人物到80后集体记忆》,《中华读书报》2012年12月12日。

第二章 物型课程记忆：雨花文化记忆的具象载体

  教育，作为雨花教育记忆和红色文化记忆重构、塑造和再现的重要途径，不仅能够有效发挥红色基因传承、塑造雨花教育记忆的作用，而且能够创新学校文化建设、丰富学校发展特色和内涵。记忆，作为人与主客观环境相互作用的内在心理，具有认知具象性和重构性等特点，需要一定的具象媒介。雨花英烈精神是红色基因的组成部分，亦是雨花教育记忆传承的教育内涵，其传承与塑造和学校、教育息息相关。就此来说，物型课程记忆作为学校红色教育记忆的塑造和传承路径之一，是对文化记忆的具象化和可视化，构成了凝聚群体记忆的教育场域，对人才培养能够发挥以物育人、以文化人之作用。因此，物型课程记忆作为传承红色基因的重要手段，不仅具有传承、保存文化记忆的作用，而且具有文化再生、文化创新的功能。换言之，物型课程记忆，即是通过对红色文化在内的各种德育资源再生与创新，构建文化记忆的空间场域，激发物质化环境的记忆内涵和教育功能，对青少年的情感心理、思想观念、价值倾向、行为方式等发挥显性及隐性影响，内化为群体的文化记忆，进而塑造和巩固群体的文化认同和国家认同。

第一节 物型课程记忆的内涵解读

  物型课程记忆是教育记忆研究的一个下位概念，既是指向通过物型课程构建的文化记忆，同时也是红色文化的记忆之场，不仅仅局限于纯粹的物质文化和物型课程，而且注重深层次的文化内涵，即精神文化。也就是说，要通过物型课程记忆的构建，发掘物型课程记忆的功能特征，发挥其立德树人之功用，传播国家认同、文化认同所需要的价值规范。特别是，在不断加强爱国主义教育、革命传统教育的新时代背景下，传承红色基因、弘扬红色文化成为学校教育——特别是德育——的题中之义和时代内涵。在此背景下，各级各类学校充分利用区域红色文化资源，变革育人模式，重构课程体系，探索和构建了内涵丰富、体系多元的物型课程，发挥其在塑造红色文化记忆、传承红色基因和培育时代新人等方面的作用。但是，从目前学校教育中物型课程记忆的探索和实践来看，不少学校在丰富实践的基础上，依然缺乏系统的顶层合计和理念统领，以致物型课程记忆的功能发挥有待进一步提升。因此，为有效推动区域物型课程记忆的持续发展，我们首先要厘清何为物型课程记忆，这对于中小学开展物型课程记忆的探索与实践具有重要意义。

一、物型课程记忆的理论分析

物型课程记忆强调红色文化记忆的具象化和直观化，实现文化记忆与物型课程的融合，以此来指向"人"这一教育主体，助力于文化记忆对人的发展和培养。记忆是存在于人意识中的过去，是连接过去、现在与未来的精神纽带与情感内核。由于记忆具有一定的意识性、内隐性，因此，记忆的塑造和传承需要借助一定的物型课程，使缥缈的、久远的历史和文化能够具象化为青少年可以感知的、具体的、形象的、直观的记忆媒介，向青少年呈现和构建正确合理的文化记忆。

物型课程记忆关注的是文化记忆的物质化媒介及其文化教育内涵，在社会学、历史学、政治学等诸多学科的相关研究中，均重视记忆的物型化媒介，从不同的研究取向中提出了记忆所需要的各种物质化媒介。正如扬·阿斯曼所指出的"历史'发生器'"，"是指人们在代表过去方面的沟通诉求。历史是一种表达方式。而这里的表达方式，意味着把形式和结构置入某种没有形式和没有结构的东西之中"①。在扬·阿斯曼看来，文化记忆的形式和结构需要一定的重构和建设，将之置于有形的物质化媒介中。因此，扬·阿斯曼在文化记忆理论中，指出文化记忆要有一定的媒介，即"被固定下来的客观外化物；以文字、图像、舞蹈等进行的传统的、象征性的编码及展演"②，强调了文化记忆的媒介性，这一媒介的形式和结构是多元的，包含文字、图像、雕塑、纪念碑、校内河流湖泊、铭牌、舞蹈、话剧等。而其夫人阿莱达·阿斯曼则从回忆空间的维度，进一步揭示了文化记忆形式和变迁，以文字、图像、身体和地点为媒介，以档案、艺术作品等为存储器，构建了一系列物质化媒介。阿莱达·阿斯曼认为，文化记忆需要通过"回忆空间"的营建而丰富其形式，并将文化记忆划分为功能记忆和存储记忆。功能记忆最重要的特点是"群体关联性、有选择性、价值联系和面向未来"，是能够被选择的、被阐释的、被收编的，具有传播构造身份认同所需要的价值；③ 存储记忆则是"'复兴'的文化现象的前提条件，而且是文化知识更新的基本资源，并为文化转变的可能性提供条件"④。就此来看，物型课程记忆是在确定物型课程等物质化环境的基础上，通过特定文化记忆的筛选、重构与再现，凸显物型课程的历史、文化等价值，成为过去、现在和未来的纽带，最终指向"人"的记忆塑造和价值引领。从此意义上来说，物型课程记忆的探索与实践，具有功能记忆和存储记忆的双重属性且紧密联系，通过对历史文化的选择和阐释，以物质化环境为载体，既真实再现了历史事实，同时又赋予其特定的文化意蕴和教育价值，向青少年和社会民众传播和塑造了正确合理的价值观念和思想意

---

① ［德］哈拉尔德·韦尔策编，季斌等译：《社会记忆：历史、回忆、传承》，北京大学出版社 2007 年版，第 38 页。

② ［德］扬·阿斯曼著，金寿福、黄晓晨译：《文化记忆：早期高级文化中的文字、回忆和政治身份》，北京大学出版社 2015 年版，第 51 页。

③ ［德］阿莱达·阿斯曼著，潘璐译：《回忆空间：文化记忆的形式和变迁》，北京大学出版社 2016 年版，第 146 页。

④ ［德］阿莱达·阿斯曼著，潘璐译：《回忆空间：文化记忆的形式和变迁》，北京大学出版社 2016 年版，第 154 页。

识，增强其文化认同、民族认同和国家认同。

当然，物型课程记忆的教育价值发挥，需要以物质化环境和载体为支撑，即发挥物型的媒介作用。在媒介形式中，文字是永生的媒介和记忆的支撑，使文化记忆能够得以储存和传承，"是人们进行标记、记忆和记录的一种手段"①。在文字媒介中，教科书则成为文化记忆的文字表达和历史再现，是学校教育中物型课程记忆的重要载体。因此，学校教育中物型课程记忆的建构，需要深入发掘教科书的价值，以教科书、校本教材为载体，加强学科育人。教科书的媒介形式，与学校教育的课程实施密切相关，唯有立足教科书、超越教科书，构建符合学校特色的课程体系，方能发挥教科书的物型课程记忆作用。因此，雨花台区诸多中小学将学科课程与雨花红色文化资源相契合，构建了学校特色的物型课程体系。例如，南京市雨花台区岱山实验小学以项目课程为抓手——"信仰的力量——雨花英烈精神"小学生品格教育项目课程，将信仰的力量转化为少年儿童能感知、能认同、能效仿的行为，促进孩子品格的发展，选取"信仰的力量之大国崛起"和"信仰的力量之少年图强"两个主题，凸显红色文化对青少年建立信仰的促进作用。基于"信仰的力量之大国崛起"主题，学生自主观看央视的《大国崛起》《大国工匠》《国之重器》《大国外交》等系列纪录片，了解到中国之所以越来越强大，在国际上发挥越来越重要的作用，是因为在各种岗位上都有难以计数的有信仰的人，正是他们在信仰的强大力量的支持下，不怕困难不怕牺牲，创造了一个又一个奇迹，为实现中华民族伟大复兴的中国梦贡献自己的力量。基于"信仰的力量之少年图强"主题，学生自主阅读著名人物传记和励志文学作品，通过阅读充分汲取榜样的作用，立志向榜样学习，从小志存高远发愤图强；学生通过案例分析，找到身上普遍存在的贪图物质享受、以自我为中心、害怕吃苦等问题，并对照雨花英烈精神进行认真分析，进行自我反思，制定克服问题的措施；学生总结

---

① ［法］雅克·勒高夫著，方仁杰、倪复生译：《历史与记忆》，中国人民大学出版社 2010 年版，第 67 页。

通过研究英烈精神对自己产生哪些影响，与家长共同拟订自己的成长规划，渗透人生规划教育。

在文化记忆的物型媒介中，还有一系列非文字性的、已被固定下来的客观外化物，以直观、形象的形式给予视觉和听觉冲击，使人在亲身参与、多感官体验中去塑造文化记忆，"这些客观外化物的形式包括仪式、舞蹈、神话、图式、服装、饰物、文身、路径、绘画、景象等，总之，这里面包含着各种各样的符号系统，这些符号系统具有支撑回忆和认同的技术性作用"①，正是这些客观外化物的多元存在，为文化记忆的塑造和传承提供了可供附着的象征物，也为学校教育中物型课程记忆的建设和构建提供了重要基础和借鉴。在文化记忆物型载体中，展览和图像是其中的典型代表。展览"是对历史文字、绘画和物品在空间内的布局整合"②；图像则是对历史文化的生动再现，"在人类的记忆中发挥的是一个继电站的功能，在这个继电站中它们不仅被重新充上能量，或者在某种情况下它们的意义会被颠倒，也就是能量发生倒换"③。图像和展览均属于物质状态，注重的是历史文化要素与空间载体的组合形式，不仅仅是对历史文化的真实再现，亦是通过艺术再创造、空间布局组合等多元形式，构建文化记忆的物质载体，实现文化记忆由物质载体向"人"的传输，借此塑造人的文化记忆。在学校教育中，此种类型的物型课程记忆的构建多是依托丰富的图像、建筑、艺术作品等形式，配以良好的空间布局，从学校环境和文化创设中营造物型课程记忆。例如，雨花台区春江第一幼儿园，以雨花台烈士陵园的布局为样式，构建了"红色故事—红色歌曲—红色建筑—我心中的红色—红色作战装备"的课程体系，特别是以红色建筑、我心中的红色和

---

① ［德］扬·阿斯曼著，金寿福、黄晓晨译：《文化记忆：早期高级文化中的文字、回忆和政治身份》，北京大学出版社 2015 年版，第 46 页。

② ［德］阿莱达·阿斯曼著，袁斯乔译：《记忆中的历史：从个人经历到公共演示》，南京大学出版社 2017 年版，第 129 页。

③ ［德］扬·阿斯曼著，金寿福、黄晓晨译：《文化记忆：早期高级文化中的文字、回忆和政治身份》，北京大学出版社 2015 年版，第 227 页。

红色作战装备三大主题模块，构建了雨花红色文化的物型课程记忆。如，在红色建筑版块的建构活动包括：烈士纪念碑、忠魂亭、雨花台烈士群雕、忠魂广场、雨花台烈士群雕、雨花台烈士纪念馆、烈士纪念桥、烈士广场、烈士群墓等，以建构活动的形式带领幼儿了解先烈事迹、革命历史等，引导幼儿自主地表现和创造自己了解和认知中的雨花台烈士陵园，既有效地激发了幼儿的创造力，同时又让幼儿在动手实践中自主构建雨花红色文化记忆。

二、物型课程记忆的内涵分析

物型课程记忆是以物型课程为载体，融合区域特色历史文化而进行建构的文化记忆，是一种不断承继与创新、具有丰富历史文化内涵的育人体系。物型课程记忆是学校教育与区域文化资源的有效融合与衔接，体现出学校与环境、历史的相适应并互动的过程，在互动和构建中，发挥以物育人、以文化人、以史润人的作用，实现主流意识形态和正确价值观念的传播，塑造青少年的文化记忆，增强其文化认同和国家认同。

物型课程记忆与物型课程是不可分割的，它是通过物型课程而构建的文化记忆。物型课程是"以知识和见识的物化造型为载体，以人与物的在场互动、实践生成为主要教学形式的综合课程"[1]，它强调发挥环境育人的课程作用。物型课程的提出将学习环境纳入了课程体系，具有一定的创新性，但物型课程并没有涉及场所对人的记忆所起到的重要作用。诺拉提出的"记忆之场"概念中，物质化是非常重要的凝聚群体记忆的场域，其会在日后长远的历史进程中成为群体的记忆载体。阿莱达·阿斯曼认为，物品的可触及性对记忆的诱发效果是极强的，"'没有源自回忆本身的物体化'，回忆将悄无声息地消失"[2]。就学生群体来说，物质化环境中的教育意义和价值一旦触发，对于这一学习群体产生的影响会终身持续，并且随着时间

---

[1] 马斌：《物型课程：化万物以育人》，《人民教育》2019 年第 9 期。

[2] ［德］阿莱达·阿斯曼著，袁斯乔译：《记忆中的历史：从个人经历到公共演示》，南京大学出版社 2017 年版，第 132 页。

的沉淀，内化为群体的文化记忆。从一定意义上说，物型课程记忆是对物型课程的传承与突破，其传承体现在对物型课程所提倡的地表文化、空间文化、学科文化和格物文化等方面的建构，物型课程记忆的构建和实施，需要这些具有丰富文化内涵的物型课程作为载体和支撑；其突破体现在对物型课程的文化要素和记忆内涵进行挖掘和凸显，将物型课程与文化记忆相融合，以物型课程为载体而发掘、传播有助于青少年身份认同、文化认同、国家认同的价值规范和文化内涵，增强青少年的文化自信，助力于实现立德树人的根本任务。

物型课程记忆作为学校课程体系和育人模式的重要组成部分，与物型课程以及学科课程有着紧密联系，但是其特征和内涵又与之相区别。具体来说，物型课程记忆主要表现为物质性、文化性、区域性等特点，在具有教育性的本体价值的同时，还具有特有的文化属性、历史属性和记忆属性，并由此指导和规范了学校物型课程的结构与内容。特别是在区域红色文化资源的基础上，物型课程记忆体现出学校教育与社会教育、学校文化与区域文化等层面的多元结合，这在一定程度上不仅丰富了学校文化的创新发展，同时也赋予了物型课程记忆特定的红色属性和文化属性，成为学校物型课程记忆的特定内涵与区域价值，拓展了其内容范围和构建载体。正是由于物型课程记忆的丰富内涵和多元属性，物型课程记忆需要把握和协调以下几对关系：

一是物质性和文化性的统一。物型课程记忆以物型课程为载体，依然强调的是以物为载体、以型为着力点、以课程为核心，[1] 将久远的历史文化直观化具象化，使青少年在物型的参与和观感中去接受文化教育的熏陶。从一定意义上说，物型课程记忆的构建，能够对青少年的身心发展和价值观念塑造发挥显性、隐性的双重作用。在学校教育中，物质环境的营建不仅仅要扮演"器"的角色，而且要更多地关注挖掘物型深处的文化性和教育性，将之升华为精神文化层面，多元构建、多维发掘物型的文化教育

---

[1]　孙其华、刘浯祎：《论物型课程的内涵与要素》，《江西教育》2020 年第 8 期。

价值，使之成为弘扬文化、塑造记忆和增强认同的重要途径。特别是在区域红色文化资源的优势下，学校教育要充分利用区域内重要革命历史事件、革命英雄及事迹、革命文物等红色教育素材，彰显其革命精神和理想信念，将之与物型课程深度融合，以此来塑造青少年的红色文化记忆。例如，南京中华中等专业学校，坐落于南京市雨花台区，坚持以黄炎培职业教育思想办学，积极践行黄炎培的"手脑并用，双手万能""做学合一，敬业乐群""德技并修"等职业教育思想，以之作为人才培养的文化思想来源，并在具体活动中承继和宣扬黄炎培精神。如，在每周晨会上开展宣誓仪式，"谋个性之发展；为个人谋生之准备；为个人服务社会之准备；为国家及世界增进生产力之准备"成为每周一晨会固定的呼号内容，以此来增强学生的使命感，坚定学生的理想信念。

二是革命性和教育性的统一。中国共产党成立 100 年来，在长期的不懈奋斗中形成了优秀的革命传统，积淀了优秀的红色文化，这些既是中华民族优秀的传统文化，同时也是学校教育资源的重要来源。弘扬红色文化、传承红色基因，成为学校教育的时代使命。传承革命传统、弘扬红色文化是学校教育的重要职责，学校在构建物型课程记忆的过程中，应着重加强革命传统教育的挖掘，以红色文化作为学校文化和育人模式的重要内涵。因此，学校应遵循青少年身心发展规律和时代诉求，借助多元化、形象性的物型课程，构建起立体化、系统性的物型课程记忆形态，彰显物型课程记忆的精神特质，发挥其对育人、化人的作用。例如，位于南京市雨花台区的梅山一中，利用"南京大屠杀死难者国家公祭日"的契机，开展了一系列祭奠活动，譬如在开展主题班会的活动中，班主任和学生通过观看影视材料和专题讨论，使学生们在对"前事不忘，后事之师"加深理解的同时，能够以史为鉴，增强忧患意识，立志报国、发奋图强。

三是开放性和动态性的统一。学校教育具有保存、传承和创新文化的功能，基于此，青少年的文化记忆才能得以有效塑造。红色文化，作为优秀传统文化的组成部分，学校教育应以开放的姿态，跳出就学校而学校的思路，主动加强与纪念馆、博物馆等社会文化机构的合作，共建、完善物型课程记忆，从而丰富物型课程记忆的内涵与资源，拓展多元精彩的建构形式。同时，物型课程记忆的建设并不是一劳永逸、永恒不变的，而是一个内涵不断丰富、形式逐渐多元、价值不断凸显的动态生成过程，学校要立足发展、创新的理念，加强区域内外的协同合作，建立协同共建的长效机制，不断挖掘、深化红色文化的教育内涵，营造物型课程记忆建设的开放、动态、包容环境，使之处于不断更新、不断完善的动态发展之中。

四是媒介性和记忆性的统一。媒介是塑造、重构记忆的基础与载体，记忆是丰富、创新媒介的指向和归宿，二者密不可分。当下，物型课程是中小学教育教学改革的重要方向之一，但更多的是关注学校环境的构建，未能关注到学校环境媒介与文化记忆的统一。在红色文化记忆的塑造中，物型课程记忆具有特殊的助益功能，学校在加强红色物型课程建设的基础上，需要关注物型课程与文化记忆塑造的内在联系，发挥物型课程对红色文化记忆的塑造和传承作用。如此，既可以丰富物型课程的内涵和形式，又可以加强文化育人的功能，使物型课程能够有效发挥塑造红色文化记忆、增强国家认同的时代价值。

物型课程记忆，具有丰富的教育内涵和时代价值，不仅服务于学校文化创新和育人模式改革，同时服务于"人"的文化记忆塑造与构建，具有铸魂育人功能，是提高青少年文化自信、增强其文化认同和国家认同的重要途径。红色文化记忆，是物型课程记忆的教育内涵；物型课程记忆，是红色文化记忆传承的重要路径。唯有将二者紧密联系起来，才能有效发挥红色文化育人、讲好红色故事、传承红色基因的作用，进而增强青少年对伟大祖国、中华民族、中华文化、中国共产党、中国特色社会主义的认同。

第二节　物型课程记忆的功能特征

学校场域，是一个大的物型空间，存在着大量的物型载体，如学校地标、广场、楼宇、文化墙等媒介，作为红色文化记忆的组织形式和物型载体，这些物型空间发挥了记忆存储、增强认同、传播文化等作用，成为有目的、有组织、有意识地传播红色革命文化、塑造红色文化记忆、增强文化自信和国家认同的重要途径。

一、存储功能

存储，是记忆的最为基本的功能。记忆往往带有一定的媒介性，需要借助一定的媒介才能得到塑造与传承，文化记忆亦是如此。"文化记忆不可能脱离媒介而存在。若无媒介在个体和集体这两个层面所扮演的角色，文化记忆根本无法想象。"①文化记忆需要建立在可供附着的象征物上，物型课程则是学校教育中文化记忆的具象化与直观化，是文化记忆传承的客观外化物。因此，物型课程记忆的首要功能即是对文化记忆的存储，可以说，它为文化记忆的保存与传承提供了容器与发生器，构成了文化记忆的"记忆之场"。物型课程记忆，不仅存储着基本的历史文化符号，同时还具有更深层次的意义，即存储着文化的精神特质与价值规范。物型课程记忆通过存储功能的发挥，使青少年能够直观具体地认识到历史事件和文化精髓。从红色文化的角度来说，红色文化"是革命实践的伟大创造，是中国革命事业的精神遗产和文化传承，是中国共产党人和广大人民群众优良传统和品格风范的集中体现，是推进中华民族伟大复兴的强大精神动力"②，随着《革命传统进中小学课程教材指南》《中华优秀传统文化进中小学课程教材指南》等政策的出台，学校教育需要紧扣时代脉搏，承担起存储和传播红色文化的时代使命，这也就为学校物型课程记忆的构建提供了更多可能。

为有效加强红色文化与学校教育的深度融合，雨花台区重视物型课程记忆建设，以雨花英烈精神为抓手，鼓励、号召学校推进实施。以雨花台中学为例，面对立德树人的根本任务和培育时代新人的现实要求，雨花台中学结合"雨花英烈精神"，深入挖掘区域红色文化，传承、弘扬雨花红色

---

① 李红涛、黄顺铭：《记忆的纹理：媒介、创伤与南京大屠杀》，中国人民大学出版社 2017 年版，第 30 页。

② 朱喜坤：《革命文化是文化自信的重要源头》，《光明日报》2019 年 1 月 9 日。

文化，将之纳入学校德育工作和育人体系改革。雨花台中学以红色文化为抓手，以生活德育为视角，凸显红色特质，加强了学校物型课程记忆的建设。生活德育空间，是学校德育空间场域的呈现，不仅仅是彰显和实施德育的物理空间，更是传递思想情感、价值观念的物型载体，"具有调动情感、引发思考的功能"①。以红色文化为主题的生活德育空间，既扮演了红色文化的记忆之场，又彰显了红色基因的象征性，其目的和指向是塑造、传承、更新和再现红色文化记忆，发挥文化润人、润心之功效，进而在潜移默化中塑造和激发学习者的革命精神、增加国家认同。基于此种价值意义的认识，雨花台中学结合"雨花英烈精神"，充分利用学校空间场域，构建了以"一场、一馆、一墙、一角"为主体的线下式生活德育空间，"一场"即学校的红色教育广场，"一馆"即恽代英纪念馆，"一墙"即赤子墙，"一角"即是团员角；同时，搭建了涵盖学习区、互动区和交流区等功能区的线上学习互动平台，营造了虚拟式生活德育空间。通过线上线下相结合的生活德育空间打造，打破纯物型空间的壁垒，给予学习者更多的自由和时间开展德育学习和活动。尤其是线下式生活德育空间的建设，学校进行了内涵的深化和精神的凝练，配以塑像和先烈故事，对学校楼宇、道路重新命名，凸显了学校文化的红色特质，呈现了革命先烈的理想信念、道德情操和大无畏精神，为学校德育工作的实施与开展提供了良好的空间载体，构建了物型课程记忆，使学生始终生活、学习在红色文化氛围中，在潜移默化中进行情感的熏陶、思想的启迪。与此同时，在生活德育空间内，学校结合升旗仪式、入团仪式等活动，鼓励师生发表主题演讲，赋予静态的空间以动态的人文活动，发挥红色文化育人的合力。

二、认同功能

文化记忆是传承、再现、重构历史文化的重要手段，是影响人们文化

---

① 罗福惠等主编：《辛亥革命的百年记忆与诠释——纪念空间与辛亥革命百年记忆》，华中师范大学出版社 2001 年版，第 1 页。

认同、民族认同和国家认同的基础与关键。文化记忆是一个群体的价值规范，是建构文化认同的核心与基础。而文化记忆的形成、保持和传承是三位一体的关系，从某种意义上说，记忆不仅仅是一个重述的过程，而且是一个不断建构、更新的过程。"那些主张这些记忆应该被找回的人，认定那些年代的记忆应该保留，这种记忆必须要交代清楚，必须要从个体记忆转变成集体记忆，要传承给那些没有亲身经历过的后代。"①也就是说，我们需要不断找寻、巩固、再现历史记忆，使其可以世代相传，彰显其文化内涵，构筑起文化认同。扬·阿斯曼认为，文化记忆的重要特征是"身份固化"或"群体关系"，"文化记忆保存知识的储存，一个群体从这种知识储存中获得关于自己的整体性和独特性的意识。文化记忆的客观化表达是通过一种肯定（我们是谁）或否定（这与我们正好相反）意义上的认同决断得到界定的"②。就此意义来说，物型课程记忆的构建则是文化记忆客观化表达的形式之一，通过对红色文化的选择与创新、直观与具象，在发挥以物育人的同时，强化相关物型课程对文化、民族和国家的认同。

文化认同是国家认同的基础与核心，学校教育在培植和增强青少年文化认同上具有重要的作用，以其权威性、全程性对青少年予以价值观念、行为规范等教育。在文化认同的基本结构中，物质文化亦是其重要内容，是指各种物化的文化现象，是人的精神世界与自然物质相结合的产物，其指向和归宿是人的精神世界，"精神文化是存在于人的意识之中，而物质文化则是存在于身外的要素"③，物质文化最终要反映到人的精神世界和价值观念等方面，"精神文化是文化构成中的核心，而文化认同则是精神文化中的核心"④。学校教育中物型课程记忆的创设与构建，通过对革命历

---

① ［美］帕特里克·格里著，罗新主编：《历史、记忆与书写》，北京大学出版社2018年版，第129页。

② ［德］简·奥斯曼著，陶东风译：《集体记忆与文化身份》，《文化研究》2011年第11期。

③ 郑晓云：《文化认同论》，中国社会科学出版社2008年版，第35页。

④ 郑晓云：《文化认同论》，中国社会科学出版社2008年版，第37页。

史、英雄人物事迹等进行直观具象展示，将需要传播的知识、价值、规范等带入教育情境和育人实践中，引导青少年了解文化要义和思想价值精髓，在青少年脑海中构建正确客观合理的文化记忆，形塑其文化认同，进而由文化认同以达国家认同。例如，南京市雨花台区板桥小学，以传承雨花英烈精神为主题，充分利用雨花台烈士纪念馆，帮助儿童树立成长成才信念。2020 年，受到疫情影响，板桥小学利用雨花台烈士纪念馆的"VR 全景纪念馆"栏目，组织学生在线参观纪念馆，并利用主题班会，开展了以"英烈风采我来展""英烈故事我来讲""场馆介绍我来说""红色歌曲我来奏""英烈诗文我来颂""英烈歌曲我来唱"等主题活动，让儿童在参观游览、亲身实践中体验革命先烈的伟大事迹和革命精神。青少年通过学习英雄事迹和革命传统，能够认识到今天幸福生活的来之不易，感悟着无数革命先辈的热血牺牲和全国各族人民的奋斗奉献。

三、引导功能

文化记忆，不仅仅是纯粹的对过去的复述，而是立足历史和过去，具有未来指向的。事实上，过往的记忆难以保留其本来面目，人类的记忆会随着时间的流逝和各种社会因素的影响而产生变化，并能根据时代发展需要而进行再现与更新，进而对现实和未来发挥一定效用。当社会发展需要某种记忆时，"与该记忆相关的'记忆之场'便会有目的、有意识地呈现在公众面前"①。在增强文化自信的新时代背景下，认同是文化软实力的思想意识体现，文化认同是增强民族认同、国家认同的核心与基础。只有厚植人民对中华民族文化的认同，才能弘扬中华民族精神，形成强大的民族凝聚力。中华民族文化是提升中华民族凝聚力的精神动力资源，② 红色文化作为中华民族革命谱系和传统优秀文化的组成部分，对增强文化自信、塑

---

① 刘大伟、周洪宇：《教育记忆史：教育史研究的新领域》，《现代大学教育》2018 年第 1 期。

② 韦诗业：《民族认同与国家认同的和谐关系建构研究》，中央编译出版社 2017 年版，第 6 页。

造文化认同等方面具有重要的时代价值。"基本的记忆活动是'复述行为',其首要特征便是'社会功能'"①,物型课程记忆是文化记忆的重要载体,是发挥其"社会功能"的媒介与途径。物型课程记忆进入学校场域和空间,是一个不断选择和重构的过程,能够以其具象化的优势引导青少年的文化行动和教育行动。物型课程记忆的引导功能主要体现在两个方面:一方面,物型课程记忆能够为参与者提供具象的物质媒介。物型课程记忆是基于物型课程而指向人的记忆塑造,将抽象、遥远的历史事件和事迹具象为实际物型,使参与者在观瞻中以多观感融入,在情感、思想、意识等产生深层次的触动,能够生动、直接地了解历史事件及其精神特质,对参与者的行动规范和思想价值能发挥形象直观的触动和激励作用。另一方面,物型课程记忆能够帮助参与者将社会价值、规范等实现"外化—内化—外化"的转变。即是说,物型课程记忆具有特定的文化属性、教育属性和行为属性,参与者在亲身实践中能够将物型课程所传达的价值和规范等进行内化,进而影响自身的日常行动,实践落实导向正确的情感和行为。

【案例】

南京市雨花台区板桥小学运用"长征精神"引导学生发展

板桥小学,位于南京市雨花台区,立足红色文化和革命精神,在育人实践中,根据学生身心发展过程中的现实问题,注重运用红色文化和革命精神,加强对儿童的引导。例如,针对三年级某个班级,教师发现班级中男生存在着普遍心理年龄偏小、自我约束能力偏弱、上课不认真听讲、课后疯打嬉闹等现象,基于这些问题,教师以"革命精神"为切入点,注重培养儿童的责任感和担当精神,引导儿童的日常行为。

① [法]雅克·勒高夫著,方仁杰、倪复生译:《历史与记忆》,中国人民大学出版社2010年版,第58~59页。

教师通过播放长征题材的教育影片，开展相应的班会活动，向儿童讲解长征精神的内涵与价值，并以学生自主的故事分享和学习感悟等形式，引导儿童的思想价值和行为规范。一位儿童在参与活动之后，感慨地指出："我们今天的幸福生活来之不易，中国经历了漫长的革命斗争，先烈们用鲜血换取了今天的美好生活，几代人的勤劳致富，才有了今天发展中的中国，作为新一代祖国的花朵，我们更应该忆苦思甜，用先烈们的精神来激励自己，把握美好的读书时光，珍惜青春，实现自我价值。"同时，教师围绕活动主题，向全体同学宣传和弘扬民族精神的重要意义，培养学生热爱祖国的深厚感情，激发学生的民族自豪感和历史责任感，营造良好的学习和活动氛围；同时，更好地帮助他们了解祖国的发展变化，增强对祖国、对家乡的热爱，自觉地把自己的成长同祖国的命运结合起来，更加清楚地认识到自己肩负的历史使命。其中，一位儿童在谈到如何为祖国的繁荣昌盛助力时，说道："第一，要加强社会责任感，要把社会责任这种意识放在心上，这是很必要且很重要的。大的方面就不说了，我们碰到的比较少。小的方面在我们的学习生活中比较常见。比如看到有人在大街上扔果屑及时上前劝阻，在公共汽车上吸烟时及时上前提醒，这些都是有良好社会责任感的体现。勿以责任小而不认，勿以责任大而不敢为。第二，加强爱国主义精神。要立爱国之志。我们要时刻做到：祖国的需要，就是我的志愿。祖国需要我去扛枪保卫她，我就去扛枪；祖国需要我去攻克科技难关，我就去攻克。第三，努力学习文化知识。始终坚持'学习、学习、再学习'，努力提高素养和水平。总之，为中华之崛起，奋斗终身。"①

再如，南京市小行小学立足雨花台区红色文化资源，于2017年3月开始设立"德育剧场"，以之为平台和载体，使儿童通过红色文化专场表演来

---

① 根据板桥小学提供的案例材料整理而成。

呈现和感悟革命精神。在 2018 年开展的"德育专场"表演中，全校 26 个班级全员参与，分为六个年级组开展比赛活动。经过近两个月的准备和排练，各班的德育剧表演在老师们的精心指导和家长们的鼎力支持下，小演员们全情投入、大显身手。表演过程中，演员们以熟练的台词、到位的动作、惟妙惟肖的表情、富有创意的表演，得到了学生评委和家长评委的一致好评。如《小红军颂长征》，情节紧凑，表现形式多样，展现了红军不怕苦、不怕累的精神；《法庭上慷慨的陈词》，讲述的是雨花英烈黄励同志理直气壮地把敌人的法庭变成了控诉敌人罪恶的讲坛，小演员们将黄励同志的坚贞不屈展现得淋漓尽致(见图 2-1)。小行小学通过红色文化的展演活动，让儿童走进红色历史故事和革命英雄人物，以此达到润童心、正童行、壮童志之目的，使儿童既感受了表演的快乐，又走进了崇高的境界。

图 2-1 小行小学"德育专场"展演活动

第三节 物型课程记忆的雨花路径

新时代背景下，在革命传统进中小学课程教材的教育诉求下，如何有效推进实施，成为中小学教育需要逐步探索的方向。在推进革命传统与中小学教育融合的过程中，物型课程是重要的媒介，而物型课程记忆则重在以之为依托，指向人的文化记忆和教育记忆。物型课程记忆是学校在办学实践中，结合区域文化资源优势，在长期的探索和实践中逐渐积累、创造出来的，既包括学校中与区域文化资源相结合的物质载体和环境资源建设，更包括这些物型载体背后的文化精神、价值观念、行为规范等教育内涵和精神传承。也就是说，依托于物型课程，而又超越于纯粹的物型课程，在发挥以物育人、以文化人之作用的同时，关注人的学校记忆、教育记忆和文化记忆的形塑，进而指向人的身份认同、政治认同、文化认同和国家认同。

在多年的探索与实践中，南京市雨花台区立足"雨花英烈精神"，鼓励、支持区域内学校开展育人模式改革，重视雨花红色文化与学校教育的深度融合，构建了系统的物型课程记忆，诸如学校红色文化的建立、物型空间文化建设、学科文化与红色文化的融合、课程体系的综合开发、与仪式课程的融合等，从环境文化、课程构建和行为文化等维度进行了系统探索，形成了独具特色的区域行动和学校路径。

一、学校环境文化与物型课程记忆建设

学校环境文化是物型课程记忆的物质载体和外在表现，通过学校环境与区域红色文化的契合，在学校场域内营造红色文化氛围，使青少年在对物型环境的直观感知中，既体验学校的文化格调，同时又接受区域红色文化的熏陶。人始终处于各种环境之中，在客观的给定性和主观的选择性基础上，环境文化之优良会对人的发展产生潜移默化的影响。可以说，环境文化是人才培养的重要课程，能够对人的思想情感、精神状态和价值观念产生重要影响。从一定意义上来看，学校红色文化的环境创设，具有显性和隐性的教育功能。从显性的教育功能来说，不仅能够丰富学校教育的形态和形式，而且可以通过具象的物型环境，使学生在身临其境中直接感知革命传统、英雄实际和革命精神，既可以掌握一定的历史知识，提高历史意识，又可以进行价值观念、思想意识和内在情感的直接教育，提高青少年的文化自信和文化认同；从隐性的教育功能来说，则可以通过环境文化的"浸润"作用，使青少年在文化的潜移默化中受到红色文化的熏陶，形成良好的红色文化和民族情感共鸣，激发学生的民族情感和文化认同。因

此，总体来说，学校环境文化创设是红色文化的物型课程记忆构建的重要途径，主要包括学校校园景观的创新、廊道和教室空间的布置等，以物型为抓手，指向青少年的红色文化记忆。

（一）校园红色文化景观

校园景观是学校文化的重要组成部分，"它在教书育人的同时，通过一定的文化显性的物化载体，反映学校或区域历史文化内涵与自身独特价值观"①。校园景观与红色文化的融合，不仅仅是学校文化的创新发展和对立德树人根本任务的环境支撑，更为重要的是能够使青少年在物型景观的感知中接受人格的陶冶、精神的锤炼和品格的养成，正如陶行知所指出，校园的环境和选址要"富于历史，使人常能领略数千百年以来之文物，以启发他们广大国粹的心思"②。校园红色文化景观则是在学校内部的景观设计中，将学校楼宇、地标、道路等物质载体与区域红色文化资源进行融合，将区域红色文化中的英雄人物姓名、雕像等进行历史再现，增加学生对革命历史的了解、革命传统的感悟以及对民族文化的认同与归属。

学校红色文化景观的建设，重在为学生营建和创造有别于课堂学习、增加学生视野、传承红色基因的丰富具体的学习空间，将知识学习、区域红色文化和爱国主义教育有机衔接、深度融合，构建红色文化育人的场域空间，延展教育时空，促进学生历史素养、革命认知和家国情怀的培养。

校园红色文化景观的创设旨在将学校文化与红色文化相契合而发挥其育人价值，为学生提供浸入式体验，进而提高其文化认同。雨花台区积极鼓励、支持学校建设相应的物型课程记忆建设，将雨花英烈精神融入学校景观建设。例如，雨花台中学在构建了以"一场、一馆、一墙、一角"为主体的生活德育空间和校园空间的同时，积极利用区域内的雨花石文化，依

---

① 倪娟等：《文化创新：学校课程变革的力量》，南京大学出版社 2020 年版，第114 页。

② 华中师范大学教育科学研究所主编：《陶行知全集》第 5 卷，湖南教育出版社1985 年版，第 21 页。

托雨花石文化课程基地，建设了雨花石博物馆（见图 2-2），将道德文化、审美文化、爱国文化和科学文化融入其中。特别是，雨花台中学注重将雨花石文化与区域红色文化结合，将雨花石作为革命先烈和革命精神的象征物，凸显雨花石的红色特质，让学生通过在学校博物馆内的参与和亲手制作进行沉入式体验。

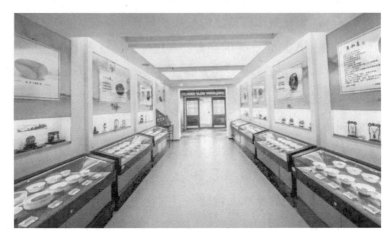

图 2-2　江苏省雨花石文化课程基地（雨花台中学）之雨花石博物馆

在建设物型空间的同时，雨花台中学将红色文化作为学校文化的核心，坚持红色文化红色育人，三十余年来坚持学习恽代英，以恽代英的"三利"育人。同时，加强学科课程融入，将学科与红色文化融合，编写了《雨花忠魂》以及"雨花石"系列教材，让学生每天阅读学习，感悟革命情怀，将之作为加强社会主义核心价值观教育和爱国主义教育的重要内容，建设了系统的、全方位的校园红色文化景观。

【案例】

革命先烈的象征

雨花台是古都金陵的名胜之地，也为丛葬之地，早在清末民初，在人们意识深处已自然将其与烈士的形象联系起来。以雨花石为寄托物这一观念的形成当不晚于20世纪一二十年代。

辛亥革命后，孙中山先生来雨花台考察过炮台，凭吊为辛亥革命殉难的烈士，国民党元老于右任亦写诗悼念辛亥先烈。1927年以后，这里却成为国民党政府屠杀共产党人和进步人士的场所，烈士鲜血染红了山岗，"产生于雨花台砾石层"的雨花石也就拥有了新的审美内涵，象征着革命志士的崇高气节和风尚。

…………

有人说是鲜血的浸泡，雨花石上才有了美丽的花纹。雨花石蕴含了鲜明的革命情感，寄托着革命者无法忘却的那一段悲壮惨痛的历史和炼狱般的革命历程，寄寓着革命者高尚的革命情怀。在黑暗统治的腥风血雨中，先烈们坚定的共产主义理想和信念正是我们今天需要继承和弘扬的精神；先烈们的博大胸怀永远指导着我们树立正确的世界观、人生观、价值观。①

图2-3　《雨花石与历史文化》

---

① 　雨花台中学主编：《雨花石与历史文化》，校本读物，第52~53页。（见图2-3）

此外，学校地标是学校文化的重要体现，代表了一个学校的文化图腾。对此，雨花台区梅山第二小学立足梅山文化，以"铁石梅花"为学校文化的地标，形成了"铁石梅花"校园特色文化，凝练了"求真，立新，求善，尚美"之校风和"铁石坚从磨砺出，梅花香自苦寒来"之校训，代表了铁石梅花顽强不息的精神，校园里处处是特色文化的印记，以景点营造氛围，以文化育化师生，以"铁石梅花"坚强、乐观的精神激励学生激发潜能。梅山第二小学在建设学校地标的同时，将之作为儿童入学礼的实施场所，在此进行庄严的入学宣誓。同时，学校还建设有"少年墙"，不仅刊刻了梁启超的《少年中国说》，还刊刻了《智韵梅香》选文，即："梅之时，独步早春；梅之气，凌寒怒放；梅之姿，错落有致；梅之色，冰清玉洁；梅之意，俏不争春；梅之形，五瓣向心。赏梅，以物化人；品梅，以梅育人；咏梅，以梅学文；探梅，以梅感人；赞梅，实践用人；以梅为师，乐学，多思，善问，践行"，使儿童在入学仪式、宣誓仪式和朗诵活动中感受身为中国人的自豪感和使命感，极大地加深了学生的爱国主义情感。（见图2-4）

图2-4 梅山第二小学"铁石梅花"文化图腾和学校文化墙

（二）廊道红色文化空间

廊道空间，作为学校场域的重要组成部分，是青少年课间日常活动、休息之场域。廊道红色文化空间的建设，能够为红色文化记忆塑造提供无限创造的空间。"过道走廊是充满潜力、最需要建设的教育空间，是最没内容又应最富有内容、最常走人又最常被忽视、最容易做又最难做好、最常做成'死'又最应做'活'的地方。"①雨花台区中小学立足雨花红色文化，构建了系列的、富有特色的廊道文化空间，形成了"红色文化类"廊道空间。"红色文化类"廊道空间是汇聚革命历史知识的通道，通过师生的共同合作与创新，在尊重历史、激发创新和艺术创作的多元视角下，创造性开发、利用廊道的文化功能和教育价值，让学生在日常休息与娱乐中去感知历史，接受革命历史、传统和精神的熏陶。

南京市春江第一幼儿园以红色文化为主线，结合雨花台烈士陵园的资源，在幼儿园内建构了廊道红色文化（见图2-5、图2-6）。春江第一幼儿园通过实地勘察、调查、谈话以及亲子参观等多种途径，在幼儿经验水平和兴趣需求的基础上，以幼儿为主体在廊道中设计了作品展示墙，如认识不同的红色建筑类型、幼儿设计图、共产党的峥嵘历史、幼儿在活动中的成长轨迹、以生活材料搭建红色建筑的建构活动等，先后开辟了包括清水积木建构、雪花片建构、智高积木建构、乐高积木建构等六类专项的建构科室。在建构科室的墙面布置中，该园采取幼儿自主商量而进行环创版块的确定和创作搭建，进而形成一定的建构环境墙。同时，教师根据幼儿园的红色建构活动或班级红色活动，与幼儿合作进行主题搭建，辅助班级活动的开展。幼儿园的1楼至3楼的走廊环境也是由小、中、大班幼儿的建构作品进行布置和创设的，主要以幼儿在红色建构主题活动中的系列作品作为布置主体，教师加以固定和协调而成为走廊吊饰或走廊墙面布置。幼儿在公共环境中游戏、活动时会主动向同伴介绍自己参与的公共环境，讨论

---

① 马斌：《物型课程：化万物以育人》，《人民教育》2019年第9期。

自己的搭建过程，等等。

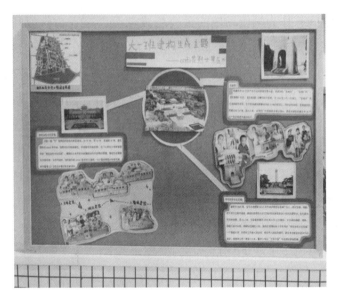

图 2-5　春江第一幼儿园的廊道文化展示

图 2-6　春江第一幼儿园的廊道文化展示

廊道红色文化空间的创设，是充分利用物质化载体来进行红色教育与"立德树人"育人体系的建构，可以让红色教育润物细无声地渗透于校园，让学生不论何时何地都能感受到红色历史和红色精神，让红色素养和道德素养提升于无形之处，做到化万物以育人。雨花台区的学校在廊道文化创设中，注重将区域红色文化资源进行有效融合，例如雨花台区实验小学在学校廊道空间中，布置了红色文化墙（见图2-7、图2-8），将学校"英雄中队"的发展情况融入其中，不仅介绍了各英雄中队的革命先烈事迹，还将该

图 2-7　雨花台区实验小学红色文化长廊

图 2-8　雨花台区实验小学红色文化长廊之"何宝珍中队"简介

中队的主要事迹和活动进行展示。如此做法，不仅使学生了解了革命历史文化知识，培养了情怀，同时拉近了革命先烈及其精神与学生的距离，不断践行、弘扬着革命事迹和先烈精神。

(三)教室红色文化空间

教室，是青少年在学校场域中的学习之所，亦是其主要活动空间，教室的文化空间则成为文化育人的重要场地，是彰显班级文化、班风学风的重要载体，对人才培养具有潜在影响。教室空间文化，在打造学习生态的同时，还要注重与中国传统文化、学校传统文化和区域传统文化的结合，从中汲取营养和思路，不断推进教室红色文化的创新。从一定意义上来说，教室空间文化是学校精神文化、环境文化和区域特色文化的具体体现。与校园景观文化不同，教室空间文化则更具有动态性和灵活性，尤其是在红色文化空间的建构中，教室空间文化能够结合区域红色文化特色和重要的节日、仪式等时时更新，主题常态更换。雨花台区的中小学，注重加强教室红色文化空间建设，充分利用建党100周年、国家公祭日、建党节、建军节、国庆节等重要的节日，通过班级文化墙布置、黑板报书写等方式，彰显红色文化的精神特质。例如，南京市雨花台中学，利用建党100周年的契机，在学校内开展了班级文化墙评比活动，将教室红色文化空间布置与竞赛相结合，由学生自行设计并解读文化内涵，充分调动学生的积极性和主动性，共同合作布置主题鲜明而又富有特色的班级文化墙，在向中国共产党成立100周年献礼的同时，使学生通过红色文化布置和文化墙内容的设计开发加深了对中国共产党和共产主义的信仰。

【案例】

南京市雨花台中学高二(15)班之教室红色文化空间

高二(15)班"建党100周年"主题板报，围绕"建党"和"100周年"进行板块布置。板报分为三个小主题，"手抄报"展示了同学们精湛的画技(见图2-9);"诗歌"表达了同学们对建党100周年的歌颂;"寄语"展现了同学们对党的100周年的祝福和对未来的展望。板报布局简洁明了,以中国红和五星黄为主色调,用星星和小红花作为点缀丰富了板报布置,表达了对共产党如星星般照耀中国的赞颂和对党的领导事业的支持和赞美。

图2-9 手抄报

教室红色文化空间具有常新性和动态性等特点,在红色文化的主题下,其内容往往会伴随重要的时间节点、节日等时时更新,如国家公祭日、清明节等,学校组织各个班级开展相应的班级红色文化空间创设。在教室红色文化空间的创设中,黑板报和墙壁是班级红色文化空间构建的重要载体,并且具有操作的便捷性、更新的简易性、内容的多元性等特点,能够体现出青少年对红色文化的认知和理解。南京市雨花台区的中小学，充分利用区域内的雨花英烈精神、国家公祭日等红色文化，作为班级教室红色文化空间的精神元素。例如，雨花台区梅山一中，利用国家公祭日，不仅利用学校电子屏幕营造氛围，而且鼓励各个班级通过黑板报的形式，布置教室文化空间，让学生回顾历史、勿忘国耻，以史为鉴而发愤图强。（见图 2-10）

图 2-10　梅山一中的班级主题黑板报之"国家公祭日"

二、学校课程构建与物型课程记忆建设

文化记忆是一个群体的价值规范，是建构文化认同的核心与基础。而文化记忆的形成、保持和传承是三位一体的关系，从某种意义上说，记忆不仅仅是一个重述的过程，而且是一个不断建构、更新的过程。"那些主张这些记忆应该被找回的人，认定那些年代的记忆应该保留，这种记忆必须要交代清楚，必须要从个体记忆转变成集体记忆，要传承给那些没有亲身经历过的后代。"①也就是说，我们需要不断找寻、巩固、再现历史记忆，使其可以世代相传，彰显其文化内涵，构筑起文化认同。而在文化记忆的塑造、传承过程中，学校课程构建和实施则发挥着重要作用，是青少年教

———————

① ［美］帕特里克·格里著，罗新主编：《历史、记忆与书写》，北京大学出版社2018 年版，第 129 页。

育的关键载体，以其普及性、全程性、全员性而向青少年传递着文化精髓。

因此，可以说，课程是物型课程记忆的核心和基础，唯有凸显和开发学校课程的记忆要素，物型课程才能引导和塑造青少年的记忆，激发其对红色文化、革命传统的自信和认同。红色文化课程体系的建设，是物型课程记忆的载体和内涵。物型课程记忆，需要依托物型课程的构建，主要体现在物型课程的理念和文化、物型课程的组织、课程建设的内部质量保障和课程建设的外部质量保障。① 就此来说，学校课程与物型课程记忆建设的结合，则是以学科文化为载体的物型课程记忆，围绕学生的学科学习，从国家课程、学科融合和校本读物等层面开发和挖掘学科的红色文化内涵，营造红色文化记忆的学科文化环境，在实现学科育人的同时，以学科课程文化来塑造和传承红色文化记忆。

（一）江苏省南京市雨花台区实验小学的课程建构与物型课程记忆建设

南京市雨花台区实验小学坐落于风景秀丽的雨花台下，在七十余年的发展历程中，以区域红色文化为办学理念，在长期的办学实践和探索中，积淀了丰厚的文化内涵，构建了目标明确、详细系统的红色文化课程体系。

为了将红色教育更好地融入育人体系，雨花台区实验小学提出了以"红色教育"为核心的生命化德育体系、以"绿色课堂"为中心的生命化教学体系、以"金色社团"为载体的生命化课程体系。提出"红色""绿色""金色"的三维度育人目标。红色教育为学生成长"明德"，绿色课堂为学生成长"启智"，金色"社团"为学生成长"赋能"。其中，"红色"是立足区域内的雨花台红色文化，以德育为突破口，构建了"四大"模块、"五化"模式的

---

① 孙其华、刘浯祎：《论物型课程的内涵与要素》，《江西教育》2020 年第 8 期。

红色教育体系。

"四大"模块是指"承先继志"教育、"勿忘(节)日"教育、"实践体验"教育、"习惯养成"教育。"承先继志"教育是以"学英雄、争创英雄中队"为主线，以丰富多彩的英雄中队活动为载体，如每年定期到雨花台烈士陵园开展祭扫活动，利用假期时间走近红色文化阵地、爱国教育基地，传承红色基因的同时，队员们将英雄的英名写在队旗上，印在心灵中，通过实际行动"继承先烈志，当好接班人"。"勿忘(节)日"教育是充分利用重大事件难忘日(如九一八事变、国家公祭日等重大纪念日)，开展以爱国主义为主题的教育，充分利用学生生命成长过程中有意义的重要纪念日。"实践体验"教育是以志愿者行动为抓手，把志愿者活动引入校园，引导学生体验生命的意义，感悟成长的快乐。学校、班级、社区广泛设立红领巾志愿者岗，如"小校长"志愿者、"常规检查"志愿者、"红领巾"志愿讲解团……让有意愿参与志愿服务的学生都能找到适合自己的岗位，使学生在校内成为自我管理的主人，在校外成为乐于奉献的服务者。"习惯养成"教育是启动"21天养成一个好习惯"行动，通过开展各项评比活动，如"小校长"志愿者巡查，卫生、两操、文明常规检查，"文明绿丝带"等，每两周进行一次流动红旗的评比，促进学生自觉自愿地养成良好的行为习惯。

"五化"模式则是强调空间立体化、课程校本化、内容系列化、活动层次化和学生主体化。尤其是在"课程校本化"中，雨花台区实验小学结合雨花红色文化，编写了系列校本读物，如《学英雄 争做二十世纪主人》、《星光灿烂雨花台》(见图2-11)、《实小德育活动指南》等，通过多种形式的综合实践活动，开设德育课程，形成了有梯度、有层次的红色教育课程体系。特别是在课程体系的构建上，雨花台实验小学构建了"家国情怀"教育体系，分别对四、五、六年级开展了"家国情怀"史实教育、实践教育、情感教育。

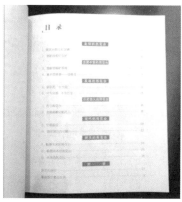

图 2-11　雨花台区实验小学的校本读物《星光灿烂雨花台》

【案例】

雨花台区实验小学四年级"家国情怀"史实教育

红色"家国情怀"史实教育主要选取红色历史发展的重大历史事件，使学生在学习之后基本认识红色历史发展进程，并从红色历史发展中认识中国革命道路的正确性，形成基本的国家政治认同和民族发展认同。四年级共安排 6 课时，每个课时 2 个单位课。

四年级第一学期(上)：

通过 3 个课时的学习，学生掌握红色历史从大革命时期至抗战初期的基础史实，安排一天课外实践活动，感受雨花台红色历史发展的艰辛。

第一学期第一课时：主要了解纪念馆。

第一学期第二课时：主要了解革命事件。

第一学期第三课时：主要了解烈士故事。

课外实践活动：在讲述故事时，请学生到雨花台参观，此类校外实践课程，符合四年级上学期学生学习特点。

四年级第二学期(下)：

　　通过四年级下学期3个课时的学习，学生基本掌握红色历史从抗战初期至解放战争胜利的概况，并通过一天的课外实践活动亲自感受抗战过程中地区军民作出的贡献；体会先辈们对中华人民共和国成立作出的牺牲和努力；明白中华人民共和国的来之不易；最终增强学生爱国主义情感和家国认同感。

　　第二学期第一课时：主要讲述地区广大军民在抗日战争过程中开展的活动。课程简单呈现地区军民开展敌后运动与抗日民主根据地建设的图片，通过形象的图片展示使学生了解当时的历史史实，尤其突出地区军民为争取抗日战争最后胜利所进行的革命活动。

　　第二学期第二课时：主要讲述抗日战争胜利后面对国民党的层层封锁，地区军民为突破国民党包围作出的努力。课程呈现国民党对雨花台地区封锁的史实，利用多种形态的资源再现中原突围的过程与场景，并讲述在这一过程中国统区人民运动的扩大。

　　第二学期第三课时：主要讲述解放区之创建，地区为解放战争胜利作出的贡献等内容。

　　课外实践活动：带领学生参观相关革命纪念馆，更形象地感受革命的不易。一是很多学生在小学语文课本和电视剧等影视资料中对雨花台的革命事迹有一些了解；二是革命发生地区有很重要的历史地位，使学生更深入地体会革命事件的来之不易和重要性。在学生已经有了一些历史分析和历史感悟能力后，带领学生参观革命纪念馆有利于培养学生的研究性学习思维，为接下来更深入地学习活动奠定基础。①

（二）江苏省南京市春江第一幼儿园的课程建构与物型课程记忆建设

　　雨花台区的各级各类学校，注重结合雨花红色文化资源，将之与学校

――――――――――

① 根据雨花台区实验小学提供材料整理而成。

课程体系和育人实践的理念、文化相结合，构建了富有特色的课程体系。以南京市雨花台区春江第一幼儿园为例，该园以红色文化为主线，以生成性建构为途径，通过对雨花台烈士陵园的多次考察与调研，从红色故事、红色建筑、红色歌曲、我心中的红色等四个方面，设计构建了具有区域红色教育特色和符合幼儿发展需求的红色教育课程体系。同时，结合幼儿园办学特色和幼儿身心发展规律，从语言、社会、健康、美术等领域生成了其他各具红色特征的活动。例如，在语言领域，春江第一幼儿园通过《老红军的故事》《我是解放军》《小萝卜头》等红色故事的讲述，让幼儿了解革命的峥嵘岁月。

例如，"红色作战装备"活动课程的建构。在《雨花台烈士陵园》的生成性红色建构课程的开展过程中（见图2-12），幼儿对红色故事、红色物件、红色历史的关注度持续升高，在多次实地参观雨花台烈士陵园后，幼儿和家长自发地寻找南京城内其他具有红色历史的场地和建筑，很多家庭不约

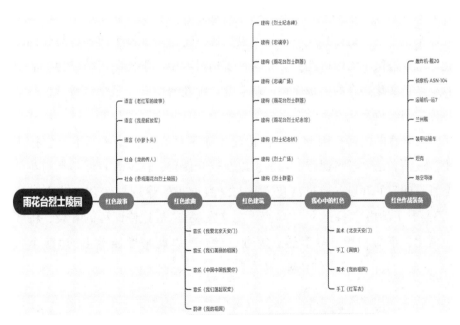

图2-12 春江第一幼儿园"生成性红色建构课程框架网络图"

而同地来到国防园参观，对海陆空多种作战装备进行了了解，教师则适时抓住契机，将亲子参观国防园活动与红色建构课程结合，生成了"轰炸机-歼20""侦察机-ASN-104""运输机-运7""兰州舰""装甲运输车""坦克""地空导弹"等活动课程，以多种建构活动的形式带领幼儿了解各种军事装备的特征、结构、发展历程等，引导幼儿自主性地了解和认知中国军事装备，引导幼儿实际感受祖国军事文化的丰富与优秀，感受祖国在军事上的变化与发展，激发幼儿的爱国情怀。

（三）江苏省南京市雨花台中学的课程建构与物型课程记忆建设

课程是实施立德树人、传承红色文化的重要载体，亦是塑造学习者学校记忆和文化记忆的重要媒介。"从记忆客体的角度来说，记忆就是一系列被选择、被征用、被赋予意义的符号；从记忆主体的角度而言，记忆的二次诞生本质上就是一个语言符号的建构和叙事过程——记忆必须以被记忆的方式展现出来——这两者之间天然地存在一种互文相证的关系。"[①]从此意义上来说，记忆具有一定的可重构性，这也为学校生活德育与红色文化的融合提供了无限可能。而在这种重构过程中，学校课程则成为生活德育与红色文化融合的关键途径。基于此，雨花台中学立足学科教学，将学科课程与红色文化紧密结合，从课堂教学和日常学习的角度，进一步充实了生活德育的内涵。因此，学校构建了赤子丹心课程体系，主要包括历史、政治和语文学科课程的渗透，以及选修课程、仪式教育课程和雨花革命教育课程的开设。通过红色文化与学科课程的渗透与融合，以及"《论语》与君子品格""鲁迅文""马克思主义发展史"等选修课程的开设，将红色文化、革命精神、时事热点等进行融合，以此来增强学生的"四个自信"，塑造其民族魂、红色魂。（见表2-1）

---

① 赵静蓉：《文化记忆与身份认同》，三联书店2015年版，第43页。

表2-1 雨花台中学"赤子丹心"课程体系

	类别	主要内容	课程目标
赤子丹心课程	学科渗透	历史教学：中国历史、中国优秀传统文化；党史、国史、改革开放史教育	增强社会主义道路自信、理论自信、制度自信、文化自信 塑造学生人性魂、民族魂、红色魂
		政治教学：强化祖国统一和民族团结进步教育、热点时事教育、紧密联系社会事实、新时代习近平社会主义思想教育	
		语文教学：经典文章育人	
	选修课程	论语与君子品格	塑造学生人性魂、民族魂
		鲁迅文、民族魂	塑造学生人性魂、民族魂
		马克思主义发展史、中国哲学思想、西方哲学发展史	形成正确的价值观念
	仪式教育课程	每周一的升旗仪式	塑造学生人性魂、民族魂、红色魂
		12. 13 国家公祭日活动	增强责任感
		高一开学初：梦想起航——新生入学教育	增强国防仪式与家国情怀 提高国家安全意识与责任感
		入团仪式(雨花台烈士纪念碑)	增强责任、奉献意识
		清明徒步江东门祭扫	培养坚持品质，增强责任感
		百日冲刺誓师大会	培养自强、勇敢、坚持、责任的品质
		成人仪式(宪法宣誓)	增强宪法意识和公民责任感
		毕业典礼	增强感恩意识和责任意识
	雨花革命教育课程	雨花英烈大讲堂	学习雨花英烈"两高一大"的革命精神，培养学生勇毅、仁爱品质
		红色雨花校园读本	学习雨花英烈人物品格、英雄事迹、家书、诗歌等

　　以政治学科为例，高中政治学科围绕"课内渗透，课外拓展"的原则，创新学科育人范式，铸造雨中学子的品格与精神。具体来说：一是把握学科性质，知行合一，注重多向教育。紧密结合马克思主义基本原理与马克思主义中国化最新成果，通过课堂内外，包括由思政教师开设的雨中社团课（哲学探密）、选修课（马克思主义发展史、中国哲学思想、西方哲学发展）等，理论联系实际，对雨中学子着重进行时事教育、理论教育、素养教育和价值教育。即引导雨中学子理解中国特色社会主义进入新时代的历史方位，了解、体验党和新时代中国特色社会主义各方面的建设进程，尤其是结合雨花台区及雨中特色的校本资源和已有德育素材，培育雨中学子政治认同、科学精神、法治意识和公共参与的学科核心素养。二是立足学科内容，敦品铸魂，创新培养方式。通过"课堂议题式探究方式"和"小组实践性调查方式"，学生可以进行社会调查、活动策划等，以课堂辩论与展示的形式展现观点，剖解议题；同时，通过情景剧、故事讲演、摄影展等方式进行汇报，凝练调查结果，在展示和汇报中实现学生的价值引导。（见图 2-13）

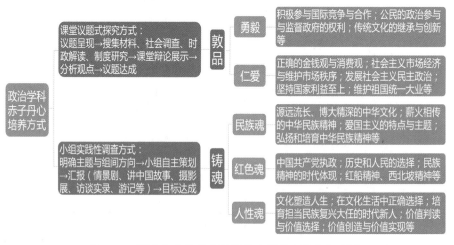

图 2-13　雨花台中学的政治学科赤子丹心培养方式图

三、场域空间延展与物型课程记忆建设

学校是学生接受教育的主要场所，但不是唯一，生活无处不教育，陶行知的"社会即学校"理念将教育空间延伸至社会、日常生活，使教育贯穿于学生生活始终，学生无时无刻不受教育的影响。当今社会，教育空间已不再仅仅局限于学校这种常规性、秩序化学习空间，网络媒体、社区、自然等非常规性、非秩序化学习空间逐渐发挥着其教育作用，大大扩展了教育空间。学校教育、社区教育、生态教育、网络媒体等空间的结合，将学生的生活时空、学习时空、娱乐时空等有效结合起来，构建了一个严密的教育网、文化网，将教育贯穿于个体的生命全程。雨花台区的各级各类学校，在物型课记忆建设过程中，将视野逐步扩大到区域社会、家庭合作等范围中，充分发挥区域内的红色教育资源，加强校馆合作、家校合作，通过引进来和走出去相结合的举措，扩大和延展了物型课程记忆的场域空间。就此来说，学校教育逐步建构了与社区教育、家庭教育、网络媒体紧密联系的教育网络，通过学校教育来教授学生基本的红色文化知识技能，为其进一步接受教育奠定基础；通过社区教育充分挖掘家庭、社区的红色文化育人环境，形成学校、家庭和社区和谐的共同体关系；通过网络媒体来丰富学生接受红色教育的方式，给以正确引导，合理使用网络教育资源，拓展学生知识面，使之作为学校教育的有益补充与延伸。

在新时代背景下，红色文化是学校育人的题中之义，学校教育应充分利用好区域红色文化，丰富学校教育的内涵和外延。习近平总书记指出，"要把红色资源利用好、把红色传统发扬好、把红色基因传承好"[1]，因此，学校在实施育人工作的过程中，应充分挖掘红色文化资源，在学校教育与区域红色文化资源和场域的深度融合中，主动与区域内的红色教育场馆、遗址、革命先烈后人等加强合作，以红色文化丰富学校教育内涵，以

---

① 习近平：《贯彻全军政治工作会议精神　扎实推进依法治军从严治军》，《人民日报》2014 年 12 月 16 日。

学校教育弘扬红色文化，使二者相互助益，进而达到厚植学生的家国情怀、塑造学生的文化自信、增强学生的国家认同的目的。对此，南京市雨花台区的各级各类学校，或带领学生走进纪念场馆，或与纪念场馆共建红色教育基地，或师资聘请等多元合作方式，积极拓展了学校教育中的物型课程记忆建设，丰富了学生红色文化记忆塑造的途径。

【案例】

雨花台区实验幼儿园的红色探索活动

雨花台区实验幼儿园位于雨花台风景区旁，雨花台风景区作为国家级森林公园有着丰富的自然和人文资源，同时也是幼儿宝贵的学习资源。每周五上午，幼儿们都会前往雨花台烈士陵园，在活动中，烈士群雕成为孩子们的兴趣点所在。为了满足幼儿兴趣，教师和他们一起走近烈士群雕，在观察、绘画、调查、分享等活动中，帮助幼儿了解烈士群雕背后的故事。

当孩子们经历大约半个小时走到群雕跟前时，他们纷纷议论："这个群雕好大哦。""这个群雕怎么这么高。""上面有好多人。"

老师："数一数，群雕一共有几个人？"

孩子们："九个。"

老师："你们看他们的表情都是什么样的？"

念念："都是生气的。"

阮阮："都是皱着眉头。"

煊煊："好像很难过，我看到一个人还握着拳头。"

转转："我觉得他们很勇敢。"

老师："你们知道他们的表情为什么都这么严肃吗？"

小野："因为这些烈士为了我们国家经历了很多苦难，所以他们的表情都很严肃、愤怒。"

老师："什么叫烈士？"

小野："就是在战争中保护我们国家而牺牲的人。"

老师："你是怎么知道的呢？"

小野："我经常会听妈妈说烈士的故事。"

群雕人物给孩子们的直观印象就是表情严肃，虽然他们还不能深刻地理解烈士们的故事，但是他们已经感受到了烈士们为了我们今天的幸福生活而经历了很多的苦难，而且抓住了群雕人物的两个关键点，一是建造群雕像是为了纪念烈士，二是群雕人物为了保护我们而经历苦难，这也是建造烈士群雕像的核心和内涵。[1]

（一）南京市雨花台区小行小学的场域空间延展与物型课程记忆建设

南京市雨花台区小行小学成立于 1928 年，在九十余年的办学历程中，它立足雨花红色文化，加强与区域内的纪念场馆合作，鼓励儿童主动走进纪念馆和开展具体活动，以红色文化来厚植儿童的爱国主义情怀。小行小学在与场馆的合作育人中，不仅让学生参观纪念场馆，而且开展了系列的"争做小小红色讲解员"活动，鼓励师生参与到红色教育的讲解和熏陶中。在参观纪念场馆中，小行小学利用中国共产党成立 100 周年的契机，与渡江胜利纪念馆合作，通过阅读故事、欣赏老照片、观看影片、参观场馆、诵读诗词等形式，感受中华人民共和国的伟大成就。通过参观馆内渡江战役的历程和历史遗物，以及诵读《人民解放军占领南京》等诗词，学生们得以接受爱国主义教育，感悟革命精神。例如，有儿童在随后的感悟中写道："我们认真参观了各个展厅，在了解渡江战役史实的同时，深刻地感受到我党领导中国人民浴血奋战，经过无数仁人志士前仆后继的流血和牺牲，最终取得革命胜利的不易。""望着美丽的新南京，再看看如今和同学都生活得如此幸福，不禁想起了为解放南京而牺牲的英烈们，我们的今天

----

[1]　案例由雨花台区实验幼儿园提供。

是他们用鲜血与生命换来的啊！""重温渡江战役历史，接受革命传统教育，让我认识到现在的和平与幸福是由革命先辈们前仆后继，英勇奋斗得来的，是用他们的鲜血和生命换来的，作为一名少先队员，我一定会牢记历史、努力学习、顽强拼搏，为祖国更加繁荣富强而奋斗。"在具体、直观的历史遗物观览中，儿童通过感知觉形象感受革命精神和家国情怀，身临其境地接受红色文化教育。

　　此外，小行小学主动与纪念场馆建立合作，与雨花台烈士纪念馆充分发挥各自在资源方面的优势，开展"红色教育"共建活动。学校通过"小小红色讲解员""雨花英烈宣讲团"等主题活动，以"德育剧场"为平台，通过少先队课程开发、研学规划、志愿者培训、聘请校外辅导员等举措开展合作交流，共同创建基于"馆校合作"的创新教育模式。（见图 2-14）

图 2-14　小行小学与雨花台烈士纪念馆共建爱国主义教育基地

　　小行小学与雨花台烈士纪念馆共建爱国主义教育基地之后，充分开展了系列活动，有效拓展了物型课程记忆的建设场域与空间。具体而言，主要如下：

第一，开展"争做小小红色讲解员"活动。（见图2-15）自2018年暑假开始，学校举办了"争做小小红色讲解员"活动，儿童在接受雨花台纪念馆夏令营各项课程之后，成为雨花台烈士纪念馆的"小小红色志愿者"，他们不仅积极参与到纪念馆组织的各项志愿服务中，坚持每周六去纪念馆进行义务讲解，同时还为学校党员教师讲解英雄事迹，并在校园内开展讲解活动，在接受课程培训、义务讲解的过程中，儿童更为深刻地了解了"雨花英烈精神"，传承了雨花英烈品质。

图2-15　小行小学的"小小讲解员"

第二，聘请纪念馆工作人员担任校外辅导员。以爱国主义教育为依托，小行小学聘请了雨花台烈士纪念馆工作人员作为校外辅导员，在学科教育中——例如音乐课、美术课——融入红色文化教育，同时利用重大节庆日等活动，邀请他们进入校园给学生做专题讲解，例如在开学典礼上讲述雨花英烈顾衡和邓中夏的故事等。

第三，举办"英雄中队领先行"活动。（见图2-16）小行小学拥有两个区级英雄中队，即"杨阿如英雄中队"和"周子昆英雄中队"。他们不仅积极投入志愿服务活动之中，同时还在学校中分享寻访经历，号召队员们走进纪念馆、博物馆，在他们的引导和带动下，学校各个中队利用节假日和周末等，定期到纪念馆和烈士陵园中开展红色寻访和志愿服务活动，将红色文化教育与儿童的日常学习、生活紧密相连，体现出红色文化育人的过程性、动态性以及生活化、实践化。

图 2-16　小行小学"英雄中队"活动

（二）南京市雨花台区共青团路中学的场域空间延展与物型课程记忆建设

南京市雨花台区共青团路中学毗邻风景秀丽的雨花台景区，该校自1987 年成立后，"共青团精神"和"雨花英烈精神"融合的红色文化教育资源一直是共青团路中学特有的自然禀赋和学校文化。在办学实践中，共青团路中学根据初中生的身心发展规律，创新性地开展了红色教育"十个一"活动（见图 2-17），即寻找共青团印记、校园志愿讲解员、重走共青团路、红色教育专题课、红色教育特色课、信仰之歌进校园、共青团朗诵社、红色广播剧、光荣入团、红色教育短视频，从校内与校外、课堂与课余等多个维度，拓展了红色教育的实施路径，加强了红色文化的物型课程记忆建设。

例如，在"寻找共青团印记"活动中，组织红色教育宣讲团的老师每学年来学校讲授一节主题课，如"共青团的发展和历史沿革"，让学校师生了解中国共产主义青年团的发展历史及其积极作用。在"校园志愿讲解员"活动中，学校在和雨花台烈士陵园签约红色教育基地的基础上，让学生以小

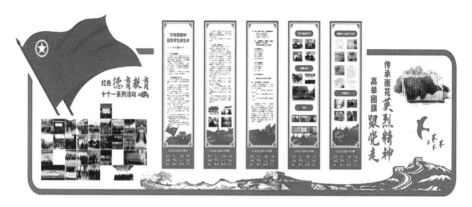

图 2-17 共青团路中学红色德育"十个一"系列活动

组合作的方式开展社会实践活动，每学年开展"晓庄英烈进校园"活动，培养校园志愿者。在"重走共青团路"活动中，每学年配合学校完成一次现场教学，带领学生重走共青团路，并在纪念路牌处请当年的亲历者为同学们讲述当年共青团路建设的背景及过程。在"红色教育专题课"活动中，每学年安排一节专题课，即"无悔青春——晓庄十烈士"，讲述南京晓庄十烈士、中央大学等南京高校学子及少年英烈们的学习、生活和思想状况。在"红色教育特色课"活动中，每学年在学校或纪念馆安排一节特色课，即"穿越时空的对话"，诵读雨花英烈家书家信，并在学生中开展"给他们回信"征文活动，进行思想的碰撞，触动灵魂的成长。在"信仰之歌进校园"活动中，提供一些有关共青团精神、信仰和爱国主义歌曲，在学校每年组织"唱响青春"歌咏比赛。在"共青团朗诵社"活动中，以"共青团朗诵社"为依托，精选优秀稿件，每月定时利用大屏、广播、微信等方式，向全校师生及家长推送"我心中的团员英雄"事迹介绍；同时，加强校际间社团交流，每年读书节期间，邀请江苏省广播电视学校播音社团同学到校利用晨会或大型集会活动进行"我心中的团员英雄"美文诵读，用声音塑造英雄形象，用事迹照亮学生心灵。在"红色广播剧"活动中，邀请地方志专家，认真研读共青团员英雄在雨花留下的真实史料，编写"红色广播剧"经典剧本，聘请表演专家指导，将共青团精神内化于心、外化于行，

并且通过每年的读书节、"一二·九"艺术节等平台在全校展演。① （见图
2-18~图 2-20）

图 2-18 "共青团朗诵社"的诗歌朗诵活动

图 2-19 共青团路中学"红色广播剧"获奖证书

---

① 根据共青团路中学提供案例整理而成。

图 2-20　共青团路中学"重走共青团路"活动

场域空间延展与物型课程记忆建设，可以说是对生活教育思想的落实，在生活和实践中发挥育人功能。生活德育是陶行知生活教育学说的重要组成部分，针对当时教育与生活的脱离、学校与社会的脱离、教学做分离的弊端，陶行知提出了生活德育理论学说。陶行知的生活德育理论，以培养"真人"为德育目标，以"爱国主义、集体精神"为德育内容，以知行合一、教学做合一为德育方法，① 力求解决传统德育存在的问题，重视德育的生活化、实践化，以此来培养能够"为老百姓造福利、为国家民族谋幸福、为整个人类谋利益"②的"真人"。陶行知的生活德育理论不仅对当时学校德育的实施具有实际价值，百余年来，对当今学校德育的实施依然具

①　沈道海：《陶行知生活德育的精神内涵及其现代启示》，《教育探索》2014 年第 1 期。

②　华中师范学院教育科学研究所主编：《陶行知全集》第 3 卷，湖南教育出版社 1985 年版，第 379 页。

有深远影响。特别是，在传承红色基因、弘扬红色文化的时代背景下，各级各类学校利用区域红色资源，将区域红色文化与学校德育工作密切结合，构建红色德育体系，能够有效破除红色德育实施的瓶颈，提高红色德育的实施效果。

第三章　仪式课程记忆：雨花文化记忆的活动载体

　　仪式课程，是学校文化的重要内容，是塑造青少年文化记忆的重要途径。仪式课程记忆，作为文化记忆的重要载体和途径，在传承文化记忆、增强文化认同和提高文化自信等方面发挥着重要价值和功能。仪式课程记忆不仅仅是对各种仪式的展现、学校课程的彰显和文化记忆的存储，更多的是以其庄严性、象征性和具象性等特征，将文化因素、历史素材和教育意蕴融合其中，发挥仪式育人、文化育人和实践育人的价值。新时代以来，随着"立德树人"教育使命的逐渐深入，2021年，教育部印发了《革命传统进中小学课程教材指南》，强化中小学生的革命传统教育，将"重要纪念日及仪式"作为载体形式，强调"为纪念重大事件、伟人、先烈等设立的特定纪念日，开展的相关仪式活动"。在此背景下，仪式课程应当成为学校课程文化的重要内容，而仪式课程记忆则应以此为依托，发挥革命传统、红色教育资源的育人功能。因此，仪式课程记忆是塑造红色文化记忆、强化革命传统教育的传达程序，能够推动青少年对红色文化记忆"入脑入心"。"雨花英烈精神"，作为南京市雨花台区的特有红色教育资源，是雨花文化记忆的精神内核，为了继承和弘扬"雨花英烈精神"、强化青少年的文化认同和价值规范，雨花台区各级各类学校在育人实践中开展了一系列的仪式课程，以之为载体形式，探索了仪式课程记忆与立德树人的实践路径，形成了富有特色的区域行动和学校路径。

第一节　仪式课程记忆的内涵探析

仪式课程记忆是学校课程记忆的组成部分，亦是教育记忆研究的重要载体和形式。对仪式本身的价值分析及对仪式的过程性建构，是仪式课程记忆的主旨内容，如此构成记忆支撑媒介、传承和保存历史文化、激活和增加文化体验以及塑造和增强文化认同的核心要素。仪式，作为学校文化和课程文化的一种具象化、结构性的存在，是重要的文化符号和文化记忆的组织形式。就此来说，仪式是对文化记忆的现实再现与展示，既是将记忆嵌入具体的仪式系统和活动中，以具体的仪式为记忆提供客观立足点，又是赋予仪式及仪式课程一定的文化内涵、教育意蕴，使青少年在亲身体验和主体参与中获得深刻的情感体验，在文化再生产、再创造中传承和弘扬文化记忆，形成群体的聚合性和凝聚力，达到文化认同之目的。在一定意义上来说，仪式课程记忆通过民族化、政治化和个人化的系统建设，将价值观念、家国情怀、行为规范等化为正式的表达，使特定的文化记忆内化为群体或个体的心理框架和记忆图式，服务于当下和未来的感知和需要。

一、仪式课程记忆的学理支撑

在文化记忆的传承和塑造中，仪式越来越具有重要的意义。在此过程中，仪式课程记忆则是仪式的文化意义彰显。仪式课程记忆注重通过课程化的仪式来构建文化意义，力求实现仪式课程与文化记忆的有效融合。"仪式具有象征性、展演性以及文化传统规定性的一系列行为规范或程序，当它进入学校场域并由教育者根据教育目的有计划、有组织地开展时，便被赋予了课程文化的特性。学校仪式的'仪式'属性，使其在储存文化记忆、培植文化认同以及促进文化传承等方面，具有区别于正式课程的特殊功能。"[1]正是基

---

[1]　缪学超：《学校仪式的课程文化功能探讨》，《课程·教材·教法》2020年第9期。

于对仪式课程的价值体认，学界越来越重视对学校仪式课程的研究，并详细梳理了其价值功能与实施路径，但已有研究多是聚焦于学校仪式或者仪式课程，注重其对文化记忆塑造与传承所具有的价值意义，而对于仪式课程记忆的研究则较少涉及。仪式课程记忆，是以仪式课程为依托，关注文化记忆的具象载体和活动象征，是文化记忆的重要内涵和组成部分。因此，需要从文化记忆的理论框架，厘清仪式课程记忆的体系框架，为进一步建构仪式课程记忆奠定学理支撑和理论基础。

　　法国社会学家莫里斯·哈布瓦赫开创了记忆研究的理论框架，而扬·阿斯曼则从文化记忆的维度对哈布瓦赫的记忆研究进行细化，开辟了文化记忆的研究体系。在扬·阿斯曼看来，所谓文化记忆是"每个社会和每个时代所特有的重新使用的全部文字材料、图片和礼仪形式的总和……它是一种集体使用的，主要（但不仅仅）涉及过去的知识，一个群体的认同性和独特性的意识就依靠这种知识"[1]。"这种知识"并非静态的，而是依托外在的媒介和文化实践，在社会的互动中、经过不断的社会实践而世代积累传承下来的。对此，扬·阿斯曼指出，文化记忆须有固定点，通过文化形式与机构的交流等得到延续，进而构筑"回溯性沉思"的记忆空间。扬·阿斯曼在对文化记忆的研究中，将之分为"生平式回忆"和"巩固根基式回忆"，而仪式则属于"巩固根基式回忆"的组成部分。"巩固根基式回忆总是通过一些文字或非文字的、已被固定下来的客观外化物发挥作用（即使在非文字社会中也是如此），这些客观外化物的形式包括仪式、舞蹈、神话、图式、服装、饰物、文身、路径、绘画、景象等，总之，这里面包含着各种各样的符号系统，这些符号系统具有支撑回忆和认同的技术性作用"[2]，就此意义来说，仪式是文化记忆的象征符号，是文化记忆的载体与形式。与扬·阿斯曼观点相似，诸多研究记忆史的学者均看重仪式对文化记忆的

---

①　[德]哈拉尔德·韦尔策编，季斌等译：《社会记忆：历史、回忆、传承》，北京大学出版社2007年版，第5~6页。

②　[德]扬·阿斯曼著，金寿福、黄晓晨译：《文化记忆：早期高级文化中的文字、回忆和政治身份》，北京大学出版社2015年版，第51页。

价值意义，"作为文化意义循环的交际空间，首先涉及的是节日、庆典以及其他仪式性的、庆典性的行为因素。在这种庆典性的交际行为中，文化记忆通过具有象征形式的全部多媒体性得到展示……这些行为的首要目的是保证和延续社会认同"①。就此来说，仪式是文化记忆的象征形式与具体展示，其首要目的和最终指向是培植和塑造人的文化认同与国家认同。

为进一步厘清仪式课程记忆的学理支撑，在此以扬·阿斯曼的文化记忆理论框架来分析仪式课程记忆的内涵与外延。扬·阿斯曼从文化记忆的内容、形式、媒介、时间结构和承载者等维度分析了其内涵与外延。而仪式课程记忆作为文化记忆的重要内容与载体形式，与文化记忆的内涵和外延具有相似属性。（见表3-1）

表3-1　文化记忆的内涵与外延

内容	神话传说；发生在绝对的过去的事件
形式	被创建的；高度成型；庆典仪式性的社会交往；节日
媒介	被固定下来的客观外化物；以文字、图像、舞蹈等进行的传统的、象征性的编码及展演
时间结构	神话性史前时代中绝对的过去
承载者	专职的传统承载者

资料来源：[德]扬·阿斯曼著，金寿福、黄晓晨译：《文化记忆：早期高级文化中的文字、回忆和政治身份》，北京大学出版社2015年版，第46页。

首先，从仪式课程记忆的内容与时间结构来看。仪式的产生，就已经伴随着仪式课程记忆的形成。原始社会时期，教育与生产劳动紧密结合，在日常的生产生活实践中，原始宗教教育、原始艺术教育等教育活动中，均包含了一系列的教育仪式，尤其是在图腾崇拜和神灵崇拜的教育仪式

---

①　[德]阿莱达·阿斯曼、扬·阿斯曼：《昨日重现——媒介与社会记忆》，载冯亚琳、[德]阿斯特莉特·埃尔主编，余传玲等译：《文化记忆理论读本》，北京大学出版社2012年版，第26页。

中，通过对遗址岩画等题材的发掘，可以窥见原始先民的仪式教育，也成为我们了解原始社会时期仪式课程记忆的重要载体和媒介。此后，随着文字的产生，学校教育中的仪式也逐渐规范化，例如乡饮酒礼、释奠礼等礼仪活动，成为学校教育中的重要仪式，古典文献——如《礼记》——成为我们了解古代仪式课程的重要题材，也成为当下人们了解古代仪式课程记忆的载体。就红色文化记忆来说，关于红色文化的仪式课程记忆，从内容和时间结构来说，涵盖内容广泛。就时间结构来说，在革命斗争实践中，中国共产党逐渐形成了体系庞博、内容深刻的革命精神谱系，例如红船精神、延安精神、井冈山精神、沂蒙山精神、周恩来精神等，均成为仪式课程记忆的重要内容，特别是"红船精神"，"正是走在时代前列的象征，'红船精神'就充分体现了走在时代前列的精神，这也就集中体现了党的先进性，是党的先进性之源"①。就内容来说，特别是中华人民共和国成立以来，红色文化纪念活动逐渐系统化，国家设置了诸多纪念日和纪念活动，并举行了系列教育仪式，如中华人民共和国成立初期的九三抗战胜利纪念日，改革开放初期的九一八、七七纪念日，习近平新时代设置的烈士纪念日、国家公祭日等，以及建军节、建党节、国庆节、清明节等重要节日，此外还有各个地方所开展的各种纪念活动等，均成为学校仪式课程记忆的重要内容。

其次，从仪式课程记忆的媒介和形式来看。在扬·阿斯曼看来，文化记忆是一个社会建构和文化建构的过程，需要通过一定的文化手段世代传承下去，其中，仪式、语言、文字等均是记忆的媒介与支撑。仪式课程记忆的媒介与形式，可以说，既有静态的"文本"载体和形象的实物载体，又有动态的纪念活动、具体仪式等相互印证。仪式课程属于静态，而具体仪式和活动的举行则属于动态，从此意义来说，仪式课程记忆的媒介和形式是静态性和动态性的合一。对于红色文化的仪式课程记忆，其媒介和形式，既有学校开设的仪式课程，同时又有国家、区域和学校举行的各种仪

---

① 习近平：《弘扬"红船精神" 走在时代前列》，《人民日报》2017 年 12 月 1 日。

式，例如雨花台区内的各级各类学校充分利用清明节、建党节和国家公祭日等重要节日，并结合"四仪八礼"等形式，开展了一系列学校仪式，整合区域红色资源，赋以特定的文化内涵，塑造青少年共同的集体记忆和文化记忆。

最后，从仪式课程记忆的承载者来看。扬·阿斯曼指出，文化记忆始终要依赖专职承载者负责其传承。红色文化的仪式课程记忆亦是如此，其承载者主要有国家权力、教师、学者、教育行政官员、学生等。就国家权力来看，"对记忆来说，有一种强大的刺激来自统治的需要"①，文化记忆是重塑文化自信、建立民族国家身份认同的重要手段，因此，党和国家重视红色基因的传承，加强革命精神的弘扬，通过文件政策的颁布、爱国主义教育的实施等形式，加强学校教育中仪式课程的实施与红色文化的弘扬与传承。就教师来说，教师是仪式课程记忆的设计者、实施者和保障者，根据学校红色教育资源和学生实际创造性地设计仪式课程，以此来塑造和构建学生的红色文化记忆，"教师对学校仪式的开展形式、内容与过程进行引导和控制，使学校仪式储存的文化记忆具有与课程要求相一致的内在规定性"②。就教育行政官员来看，在落实国家教育方针政策的同时，结合区域内的教育实际和红色特色资源创新性地构建、开展系列仪式课程，以此来强化红色文化记忆。例如，《江苏省未成年人基本文明礼仪规范》中，设计了"四仪八礼"，"四仪"即"入学仪式、成长仪式、青春仪式、成人仪式"；雨花台区出台《南京市雨花台区中小学红色教育实施指南》，对仪式、活动等进行了详细规定等，均是指向红色文化的仪式课程记忆。正是这些红色文化记忆承载者使仪式课程记忆在历时变迁与共时发展中得以传承、强化和再现，凸显了仪式课程记忆的集体性、公共性、民族性和时代性，成为立德树人、实践育人的时代之义。

---

①　[德]扬·阿斯曼著，金寿福、黄晓晨译：《文化记忆：早期高级文化中的文字、回忆和政治身份》，北京大学出版社2015年版，第66页。
②　缪学超：《学校仪式的课程文化功能探讨》，《课程·教材·教法》2020年第9期。

二、仪式课程记忆的内涵解读

仪式课程记忆是以仪式课程、仪式教育以及仪式活动为依托的记忆形态，超越于仪式课程、仪式或活动的具体形态，以具体的仪式塑造人的记忆。仪式课程记忆，借助于仪式的动态性、象征性、庄严性以及行为规范的一致性等特点，将文化要素、历史传统等人文精神融入其中，发挥仪式育人、传承记忆的功能，传播主流价值和行为规范，使青少年以及参与者在仪式的参与中增强情感体验，激发共鸣，感悟文化精髓，实现精神的代际传承。

仪式课程记忆虽然与仪式课程、仪式教育等密不可分，但绝非等同。仪式，作为一种亘古绵久、历史悠远的文化现象，自古而今出现了诸多形式的变化和内容的拓展，而仪式教育、仪式课程也正是在"仪式"的基础上发展而来。目前，学界对于仪式教育、学校仪式等进行了系统研究，对其概念、特征、价值、实现路径等作出了详细探索。但是，已有研究较少涉及仪式课程记忆维度，更多的是把仪式教育、学校仪式作为文化记忆的传递媒介或传达程序。因此，需要进一步厘清仪式课程记忆的内涵，为学校教育构建和实施仪式课程记忆奠定理论先导。

仪式课程记忆是通过课程化、系统化的仪式教育来构建人的文化记忆。具体而言，仪式课程记忆是对国家意志和主流意识形态的学校呈现，以学校仪式的具体展现、仪式教育的有效实施和仪式课程的系统构建为载体，以巩固和提高认同为核心要义，通过仪式的定期重复，将优秀文化、精神传统、价值观念和行为规范等要素融入其中，对人施以知识传递、能力锻炼、情感共鸣、价值引导和行为引领等教育，进而激发和塑造人的记忆，达到巩固认同、坚定信仰、增强凝聚力之目的。因此，仪式课程记忆，作为学校教育和育人实践的组成部分，体现的是在社会背景和时代诉求下，以仪式为载体，由全体师生共同参与和创造的、指向人的记忆与认同的教育内容与形式，其本质意义在于仪式育人，最终目标是塑造人的文化认同、提高文化自信。关于仪式课程记忆的内涵，我们从以下角度进行理解，具体如下：

首先，从仪式课程记忆的性质来看，仪式课程记忆体现的是民族性和文化性。仪式，是国家政治和民族发展的具象表现，若是没有国家民族，记忆则无从依附。因此，仪式课程记忆的性质，必须要体现国家政治理念、主流意识形态和民族精神。"民族精神指民族固有的精神特质，与民族历史文化传统有密切关联"①，仪式课程记忆是基于学校场域，将传统仪式与现代仪式在学校育人实践中进行展演和再现，是对民族精神和历史文化的传承和再现，体现出强烈的民族性和文化性。同时，"节日和仪式定期重复，保证了巩固认同的知识的传达和传承，并由此保证了文化意义上的认同的再生产"②。仪式课程记忆，正是以节日和仪式为载体和依托，通过定期的重复举行，将符合国家主流意识和民族历史文化的教育要素融入其中，发挥仪式育人的同时将民族历史文化嵌入头脑和记忆之中，实现民族精神和历史文化的传承与再创造，厚植民族情怀，提高文化自信。

其次，从仪式课程记忆的内容来看。仪式课程记忆的构建和实施，需要借助类型多元的仪式形式，这与学校仪式存储的仪式类型和传统有密切关系。仪式课程记忆，作为文化记忆的存储系统，能够有效存储中华民族的优秀传统文化、中华民族积淀的教育传统、革命文化和学校文化。③ 在中华民族优秀传统文化方面，仪式课程记忆可以充分利用传统节日、庆典等契机，如春节、清明节、端午节、中秋节等，跳出仅仅"就节日而节日"的活动范畴，赋予其以特定的文化内涵和记忆元素，与历史文化要素深度融合，彰显文化精髓，提高年轻一代的文化自信。在教育传统方面，仪式课程记忆利用开学典礼、毕业典礼、成人礼、拜师礼等传统，以及"仪表之礼""仪式之礼""言谈之礼""待人之礼""行走之礼""观赏之礼""游览之

---

① 郭辉：《抗战记忆的建构及其价值》，《兰州学刊》2020 年第 2 期。

② ［德］扬·阿斯曼著，金寿福、黄晓晨译：《文化记忆：早期高级文化中的文字、回忆和政治身份》，北京大学出版社 2015 年版，第 52 页。

③ 缪学超：《学校仪式的文化记忆功能及实现路径》，《教育学报》2020 年第 2 期。

礼""餐饮之礼"，在教育传统的承继中彰显民族特质，例如《弟子规》《学记》等典籍中对仪式的记载和描述，以及文庙中所举行的祭孔仪式等，均是对中华民族教育传统的体现，学校教育可以充分吸收、创造中华民族固有的教育传统，既体现了仪式育人，又能创新学校文化、丰富育人形式。在学校仪式方面，仪式课程记忆应充分利用入学仪式（7 岁）、成长仪式（10 岁）、青春仪式（14 岁）、成人仪式（18 岁），以及升旗仪式、入团仪式、入队仪式等，将这些仪式对人才培养和生命成长的要求和规范加以体现，在仪式感中进行显性与隐性的育人。在革命传统中，仪式课程记忆要结合国家民族共有的和区域内特有的红色教育资源，将民族性与区域性的革命传统纳入学校教育之中，利用各种纪念仪式——如国家公祭日、建党节、国庆节等——在常态化、定期举行中进行记忆的构建。例如，南京市雨花台区充分利用"雨花英烈精神"的革命传统，结合清明节等节日开展祭扫仪式，让师生理解革命传统，感悟革命精神，厚植家国情怀，不断传递着党和国家的理想信念、品格操守和价值观念。

最后，从仪式课程记忆的功能来看。"记忆是表征民族/国家和历史之间关系的纽带。"[1]作为文化记忆形态之一的仪式课程记忆，其重要功能是指向民族国家、文化和身份认同，"文化认同不仅影响到个人对自己身份的认定、社会群体的角色，还影响到民族以及民族文化的保持、国家的意识形态维持与强化、不同的宗教与文明形态之间的理解，甚至当代的国际政治格局"[2]。从社会价值来看，仪式课程记忆对民族共同体、国家认同等具有正向功能，在"提高思想政治认可度""实现社会和谐，加强团结""传承并实现文化创新"以及"强化社会主义核心价值观"[3]等方面具有重要价值，是传承中华优秀传统文化、革命传统以及促进国家民族发展的精神力

---

① ［德］阿莱达·阿斯曼著，袁斯乔译：《记忆中的历史：从个人经历到公共演示》，南京大学出版社 2017 年版，"中文版序"第 11 页。

② 郑晓云：《文化认同论》，中国社会科学出版社 2008 年版，第 8 页。

③ 罗宇明、陈宏：《仪式教育的德育价值及其实现路径》，《中学政治教学参考》2019 年第 10 期。

量。从个体价值来看，仪式课程记忆直接指向青少年的成长与发展，服务于青少年当下以及未来发展，一定意义上说，仪式课程记忆属于政治教育模式，"它寻求变革，寻求人们在社会、道德和政治层面上的思想感情和性格变化，并且问及人们对未来的责任"①，为青少年的成长发展奠定基础，实现生命的增值、情感的升华和人格的提升，以及从自然生命、社会生命向道德生命的转化，促进年轻一代的个体政治化和社会化。

三、仪式课程记忆的主要特征

仪式课程记忆具有一定的存储、引导、约束和激励功能，不仅仅是对仪式课程、具体仪式的简单依托，更是思想情感、价值观念传输的重要载体，"具有调动情感、引发思考的功能"②。仪式课程记忆在具体的课程建构、动态的仪式活动中将价值情感、历史文化等进行实时呈现与延续，使学习者、参与者不仅理解历史，而且在亲身参与中发挥育人实效，为历史与现实的勾连、文化与育人的衔接提供媒介和基础，彰显立德树人、仪式育人的根本特质。具体来说，仪式课程记忆的主要特征有如下几个方面：

一是周期性。仪式课程记忆需要仪式课程、仪式活动的支撑，必然会受到其影响，具有一定的周期性和重复性。仪式课程记忆的周期性主要体现在两个方面：一方面是受到仪式课程的影响，仪式课程的构建与实施需要遵循一定的教育规律和学生身心发展规律来塑造学生的记忆，需要按照年龄、年级、学期循环等逻辑顺序进行周期循环、重复实施，通过重复性实施来向青少年施加教育影响和记忆塑造。另一方面是受到仪式活动的周期性影响，仪式活动的实施需要按照一定的时间节点、重大纪念活动等来开展，具有固定的时间周期，如每周一的升旗仪式，以及固定时期的入队仪式、入团仪式和各种纪念日等，这也就决定了仪式课程记忆的周期性。

---

① ［德］哈拉尔德·韦尔策编，季斌等译：《社会记忆：历史、回忆、传承》，北京大学出版社 2007 年版，第 76 页。

② 罗福惠等：《辛亥革命的百年记忆与诠释——纪念空间与辛亥革命百年记忆》，华中师范大学出版社 2001 年版，第 1 页。

　　二是体验性。"仪式教育是对教育活动的一种体验。其创设的情景与日常生活不同，让学生对此具有强烈的体验，并在这一过程中展示个人情感、认知能力。"①仪式课程记忆亦是如此，需要在具体的场景体验、仪式参与、情感激荡中塑造学生的相关记忆。同时，在仪式课程记忆的建构和塑造中，在亲身参与的同时，在课堂教学中，教师通过文本的解读、情感的激发和思想的碰撞，亦可以使学生产生情感的共鸣，例如通过对文本内容的感情梳理、话语体系的解读等，使学生的感知觉参与其中而获得相应的体验，正如我们观看悲剧电影会产生痛苦的情感，仪式课程记忆正是在这种语境、情境下去增强学生的体验感。

　　三是程序性。仪式具有特定的程序，以其程序和规则而彰显其庄严肃静。"仪式只有通过它们的显著的规则性，才成其为表达性艺术。它们是形式化仪式，倾向于程序化、陈规化和重复。"②自古以来，任何仪式均具有特定的程序，例如古代的"冠礼"，其具体程序是："筮日、筮宾，所以敬冠事；敬冠事所以重礼，重礼所以为国本也。故冠于阼，以著代也；醮于客位，三加弥尊，加有成也；已冠而字之，成人之道也；见于母，母拜之，见于兄弟，兄弟拜之，成人而与为礼也；玄冠玄端，奠挚于君，遂以挚见于乡大夫、乡先生，以成人见也。成人之者，将责成人礼焉。责成人礼焉者，将责为人子、为人弟、为人臣、为人少者之礼行焉。将责四者之行于人，其礼可不重与！"③不仅详细规定了"冠礼"的具体程序，而且在各个流程和程序中赋以一定的道德教育，使参与者和观瞻者既了解了程序，又加强了道德说教，加深了"冠礼"印象，形成了特定的礼仪文化记忆。

　　四是集体性。集体性是针对参与对象和具体实效而言，面向群体的

---

　　①　罗宇明、陈宏：《仪式教育的德育价值及其实现路径》，《中学政治教学参考》2019年第10期。

　　②　[美]保罗·唐纳顿著，纳日碧力戈译：《社会如何记忆》，上海人民出版社2000年版，第49页。

　　③　《礼记·冠义》。

记忆塑造和价值认同，"学生在参与过程中营造出独特的快感，仪式教育创造出集体的想象力，让参与者感知整个仪式过程的集体感与集体荣誉感"①。就此来说，集体性首先体现的是群体的广泛性，是面向全体学生的，例如每周一的升旗仪式，使学生在参与中增强对国家的认同以及对祖国的赤子热爱。另外，就集体性的实效价值来说，通过全体或部分群体的仪式参与，在协同合作、共同体验中锻炼其责任感、合作力和集体荣誉，有助于构建认同的共同体和记忆的共同体，形成聚合力和凝聚力。

五是延展性。仪式课程记忆的构建和塑造，虽然有其特定的时间和场所，但其影响不仅仅局限于当时当地，而是具有影响的延展性。"在仪式上展示的一切，也渗透在非仪式性行为和心理中……仪式之所以被认为有意义，是因为它们对于一系列其他非仪式性行动以及整个社群的生活，都是有意义的。"②就此来说，在仪式课程记忆的构建和塑造过程中，通过具体的仪式课程实施和仪式活动开展而对学生产生的影响具有历时性和跨时空性，能够将影响贯穿于学生的日常生活与实践中，形成长时性的教育影响和记忆积淀，在不断地延展和积淀中对学生的记忆、价值、行为和认同等产生深远影响。

学校仪式"在存储文化传统、强化集体成员的身份认同，以及引导正确的文化行动方面发挥着独特的功能"③，以其深刻内涵和独特特征发挥仪式育人的价值，通过仪式课程的施教、仪式活动的开展塑造青少年的文化记忆，使人在亲身参与和情感体验、他人引导与自我构建中塑造文化记忆，最终指向文化认同的构建和文化自信的提高。

---

① 项凌柯：《仪式教育的德育价值及其路径实现》，《天津教育》2020 年第 27 期。

② ［美］保罗·唐纳顿著，纳日碧力戈译：《社会如何记忆》，上海人民出版社 2000 年版，第 50 页。

③ 缪学超：《学校仪式的文化记忆功能及实现路径》，《教育学报》2020 年第 2 期。

第二节　仪式课程记忆的行动路径

作为学校文化、课程文化的重要组成部分，仪式课程记忆如何有效推进红色文化记忆的"入脑入心"，既是仪式课程记忆题中之义，也是其价值所在。特别是，随着党史学习教育的深入推进，仪式课程记忆则具有更广阔的发展空间和育人价值。在仪式课程记忆的行动和实践中，关键是要有仪式课程记忆的顶层设计、实施方案与区域路径。在此，需要以习近平新时代中国特色社会主义思想为指导，将之作为学校文化建设、仪式课程记忆建构的根本遵循和方向指导，区域行动与学校实践有效结合，筛选符合主流价值、富含文化内容和教育意蕴的文化记忆内涵，终极目标是培养社会主义建设者和接班人，培育出能够承担民族复兴大任的时代新人。因此，雨花台区教育系统立足区域红色文化资源，以"雨花英烈精神"为切入点，在《江苏省未成年人基本文明礼仪规范》"八礼四仪"基础上，从区域层面和学校层面共同建构了仪式课程记忆，发挥仪式育人、课程育人的价值功用。

一、仪式课程记忆的行动路径诠释

仪式课程记忆的行动路径是一项系统复杂的工程，既需要区域的顶层设计与统筹推进，也需要结合办学实际创新性开展仪式课程记忆的建构，拓展、充实记忆内容，实现共性和个性的统一、文化与教育的融合，不断探索完善仪式课程记忆的行动路径。

（一）前提：加强仪式课程记忆的理解

习近平总书记指出，"要把红色资源利用好、把红色传统发扬好、把红色基因传承好"。在仪式课程记忆的理解和构建中，学校需要筛选和重构红色文化记忆，以仪式课程、仪式活动为载体，展示和阐释清楚仪式课程记忆的象征符号和文化传承，使师生能够深入了解仪式课程记忆的内涵，进而有助于仪式课程记忆的不断充实完善与有效落地实施。

仪式课程记忆，在一定程度上说，以其动态性呈现、过程性参与和情感性渗入等特点，通过仪式课程的实施、仪式活动的开展等形式将相对应的文化内涵和教育意蕴传达至个体或群体，体现出个体或群体与仪式之间交流记忆的过程。"社会中的成员，无论是以个体还是集体的身份，都可以从这一资源中获取信息，帮助他们建构身份认同，计划并实行具有社会意义的行动路线。"①因此，区域和学校在构建仪式课程记忆的过程中，要深入把握理解仪式课程记忆的内涵，阐释清楚其文化要义、教育意蕴和精神要旨等，使师生能够清晰感知，"对学校仪式的文化内涵、特征、历史渊源、发展脉络等形成基本认知，是让学生进入仪式之中的前提"②。例如，《江苏省未成年人基本文明礼仪规范》中的"八礼四仪"，对相应的礼、仪内涵进行通俗解读，使师生能够清晰地认识到每一种礼、仪的教育价值，如 10 岁的"成长仪式"，是要"让小学三到四年级的学生学会感恩、懂得分享，理解父母的养育之恩、师长的教诲之恩、朋友的帮助之恩"，在此基础上来构建儿童的成长记忆。就此来说，学校教育在建构仪式课程记忆的过程中，要结合学生对象、红色文化要义和仪式类型，将红色教育与仪式教育紧密结合，向学生深刻而清晰地解读，使学生能够理解和感悟，这是仪式课程记忆行动路径的前提和基础。

（二）方向：保障仪式课程记忆的引领

仪式课程记忆的构建应坚持习近平新时代中国特色社会主义思想为指导，以社会主义核心价值观为引领，践行习近平总书记关于红色教育的重要论述，贯穿于仪式课程记忆的开发、实施与评估等各个环节，提高青少年的文化自信，增强文化认同、政治认同和国家认同，厚植家国情怀。

---

① ［英］杰弗里·丘比特著，王晨凤译：《历史与记忆》，译林出版社 2021 年版，第 128 页。

② 缪学超：《理解、认同与传承：学校仪式的文化育人路径》，《湖南师范大学教育科学学报》2020 年第 4 期。

一方面，加强仪式课程建设，将红色教育与仪式课程记忆紧密融合。学校应立足党史和区域红色教育资源，通过系统、科学、全面的仪式课程建设，以系统化教育教学的实施来强化青少年的仪式课程记忆，进而指向文化记忆，帮助青少年全面感知、体认红色文化。同时，结合青少年身心发展规律，设计活动化、实践化的仪式课程记忆，将红色教育和党史学习教育转化为通俗易懂、形象具体的内容，提高学生学习兴趣，深刻把握红色教育的内涵。另一方面，注重仪式活动构建，在实践活动中感悟、践行革命精神。仪式课程记忆的构建，需要借助仪式活动的实施。因此，学校在设计仪式活动的过程中，要注重形式的多元、内涵的彰显和精神的呈现，理论与实践相结合，让学习者在仪式参与和亲身实践中真正体认文化内涵和精神真髓，内化到自身的思想意识、价值情感和行为规范之中来，实现知情意行的合一。

（三）关键：增进学生的仪式文化认同

仪式课程记忆，属于文化记忆的下位概念和内涵之一，无论形式如何变化、内涵如何拓展，其最终的目的是指向人的记忆，进而增强文化认同。因此，仪式课程记忆的构建，需要突显学生的主体地位，让其真正理解红色文化、感悟革命精神、体验革命情怀，将之有效内化和自我建构，从而使自身的思想意识、价值观念和行为规范符合时代新人的要求，真正成长为合格的社会主义建设者和接班人，为国家富强、民族振兴和人民幸福服务。

学校仪式课程记忆的构建，需要发挥学生的主体性和能动性，创设灵活、多元、便捷的渠道，鼓励学生参与其中，让学生参与构建、开发，融入学生想法，引导其积极有效地学习、践行和塑造文化记忆。同时，结合学生日常生活与实践，将仪式课程记忆与他们关注密切、生活紧密的事件相联系，如入队仪式、入团仪式、清明节等，将红色文化记忆融入具体仪式活动中，让学生成为仪式课程记忆的参与者、探索者、实践者和完善者，在仪式课程、仪式活动中实现文化记忆的自然渗透，润物无声般的实现仪式育人，增进学生对仪式文化、红色文化的认同，形塑其思想价值与行为规范。

二、仪式课程记忆的区域顶层设计

仪式是记忆的重要载体，保罗·康纳顿认为，"有关过去的形象和有关过去的回忆性知识，是在(或多或少是仪式的)操演中传送和保持的"①，通过仪式的反复操演去促进行为、思想、价值的强化。江苏省南京市雨花台区教育局，基于对仪式教育在文化记忆传承中重要价值和作用的认识，从区域层面加强了仪式课程记忆的顶层设计，从政策引领、具体实践等维度，鼓励区域内学校开展形式多元、各具特色的仪式课程记忆。

为了构建方向正确、内容完善、学段一体、载体丰富、常态开展的红色教育体系，加强区域内仪式课程记忆的探索与完善，雨花台区教育局制定出台了《南京市雨花台区中小学红色教育实施指南》，鼓励各级各类学校依托纪念日开展爱国主义教育，构建仪式课程记忆。《南京市雨花台区中小学红色教育实施指南》中，针对仪式课程记忆，指出其重要内容是：

> 充分利用雨花台烈士陵园等革命纪念地开展革命传统教育。中国共产党建党纪念日、中国人民解放军建军纪念日、"七七"抗日纪念日、"九三"抗战胜利纪念日、"九一八"纪念日、烈士纪念日、国家公祭日等重要纪念日开展专题红色教育、爱国主义教育。另外，开展好清明节等纪念活动。采用多种不同祭扫方式，做好英雄烈士纪念、缅怀教育；"五四"青年节、建队日、国家公祭日以及各种历史纪念日充分做好学生的爱国主义教育。

与此同时，在具体举措中，以月份为维度，以具体仪式活动为内核，为各级各类学校仪式课程记忆的构建，提供了一定的指导方向和实施策

---

① ［美］保罗·唐纳顿著，纳日碧力戈译：《社会如何记忆》，上海人民出版社2000年版，导论第4页。

略。涉及仪式课程记忆的主要举措如下：

1月至2月，开展研学寻访教育

雏鹰假日小队、志愿者小队开展寒假红色寻访、红色研学旅行等活动，制作红色寻访小报，撰写研学旅行感想。

3月至4月，宣传教育

评比优秀寒假雏鹰假日小队。

结合春游开展"追寻红色足迹"活动，带领学生参观红色爱国主义教育基地，了解英烈事迹。

开展清明祭扫活动，了解英烈事迹，开展仪式教育，缅怀先烈。

清明节期间开展以雨花台烈士命名的英雄中队评比活动，举行授旗仪式(单年学校开展，双年区教育局开展)。

开展红色主题活动：举行一次主题升旗仪式、读一本雨花英烈家书(或日记)、举行一次红色知识比赛、写一篇红色征文、召开一次红色主题班队会等活动。

5月至6月，仪式教育

五四期间，举行青春仪式、新团员入团仪式，开展重温入团誓词等活动。

举行一年级入队仪式，初二年级离队仪式，加强学生爱党爱国教育，加强理想信念教育。

开展区"百名美德少年"、"百名儒雅少年"和"百名八礼之星"评比活动，开展区"新时代好少年""雨花之星"等学生评优评先活动。

7月至8月，研学寻访活动

结合"七一"，开展重温入党誓词活动。

9月至10月，纪念日活动

举行初一年级建队仪式，开展少先队建队日活动。

开展以雨花台烈士命名的英雄中队评比活动，举行授旗仪式(单年学校开展，双年区教育局开展)。

开展国庆网络寄语活动、"最爱国旗红"等活动。

结合秋游开展"追寻红色足迹"活动，带领学生参观红色爱国主义教育基地，了解英烈事迹。

开展红色主题活动：举行一次主题升旗仪式、唱一首红色歌曲、绘制一幅红色小报、举行一次雨花英烈诗词朗诵比赛、召开一次红色主题班队会。

在制定具体实施指南的同时，雨花台区教育局充分利用雨花台烈士陵园这一天然的仪式教育载体，设计了一系列的仪式课程，通过仪式强化学生的民族认同感和国家归属感。雨花台区教育局为区域内学生每人发放了一本"我的红色护照"，利用重要节日、纪念日开展仪式教育。如清明节期间分批次组织全区学校赴雨花台烈士陵园开展祭扫活动，结合学校物型课程的学习熏陶，讲解英烈故事，并举行以雨花台烈士命名的英雄中队授旗仪式。除公祭活动外，区域内学校的青春仪式、入团仪式、入队仪式、离队仪式等，这类仪式一是注重举行的场所，要么是在校内的标志性红色雕塑或纪念碑，要么是直接在雨花台烈士陵园内举行；二是特别注意这类仪式的主持者，通过邀请一些如老革命家、国家建设功勋元老、烈士后代、雨花台烈士陵园的研究者，通过场域、人物和仪式的三者结合，将仪式教育中的红色元素牢牢印记在学生心中。在具体的实施过程中，考虑到年龄段的差异，分学段设计仪式课程体系，在原有的《江苏省未成年人基本文明礼仪规范》的"八礼四仪"的"入学仪式、成长仪式、青春仪式、成人仪式"基础之上，结合小学、初中、高中的不同年龄段分别设计了不同课程目标的公祭仪式、党日仪式、团日仪式、队日仪式等，既符合了学生道德认知的发展水平，又增强了教育仪式的红色元素。

例如，雨花台区金地自在城小学，利用国家公祭日的契机，开展了"铭记历史，吾辈自强——纪念南京大屠杀死难者国家公祭日纪念活动"，使学生通过活动了解侵略战争给中国人民和世界人民造成的深重灾难，激发儿童对国家的热爱之情和学习热情。金地自在城小学在国家公祭日纪念活动中，将宣传动员、升旗仪式与公祭仪式有效结合，将学校仪式与校外仪式有效衔接，利用学校电子屏、班级板报等形式加强国家公祭日的宣传动员，并在升旗仪式和班会中，开展"铭记历史，吾辈自强——纪念南京大屠杀死难者国家公祭日纪念活动"的主题教育，使儿童对南京大屠杀有了较为全面深刻的理解。同时，利用秋游，组织学生全体前往雨花台烈士陵园开展集体默哀活动，将爱国主义教育与宣扬革命英雄事迹、优良传统有效结合起来，在仪式的庄严静穆中深化学生的爱国情怀。

第三节　仪式课程记忆的学校实践

仪式课程记忆是以仪式课程、仪式教育以及仪式活动等为依托的记忆形态，是红色文化和党史学习教育的动态化和活动化过程体现。仪式课程记忆的构建，需借助于仪式的动态性、象征性、庄严性以及行为规范的一致性等特点，将文化要素、革命传统等人文精神融入其中，发挥仪式育人功能，传播主流价值和行为规范，使青少年以及参与者在仪式的参与中增强情感体验，激发共鸣，实现精神的代际传承。

仪式，作为文化记忆和学校文化的重要组成部分，能够有效存储和传承中华民族的优秀传统文化和革命文化，具有一定的存储、引导、约束和激励功能，它不仅仅是对仪式课程、具体仪式的简单依托，更是思想情感激发、价值观念传输的重要载体。基于此，雨花台区充分利用雨花台区烈士陵园这一天然载体，将学校与社会有效衔接，发挥仪式的周期性、体验性和程序性等特征，系统设计了一系列的仪式课程、仪式活动等，全面塑造青少年的仪式课程记忆，形成了各具特色、形式多元、内涵丰富的学校实践路径，使学习者和参与者在亲身参与中进行情感体验、精神感悟，最终指向文化认同的构建和文化自信的提高。综观雨花台区学校课程记忆构建的路径与行动，主要可以分为仪式课程建设、仪式活动举行等，其中仪式活动可以细化为常规仪式活动和主题仪式活动。在具体的学校实践中，仪式课程记忆的实施路径需要仪式课程建设与仪式活动举行的融合实施，发挥课程育人与实践育人的合力。

一、仪式课程记忆的实践概览

学校仪式是革命传统弘扬和中华优秀传统文化传承的重要载体，在仪式课程记忆的塑造中具有重要价值和作用，是仪式课程记忆的直接载体，能够直接解释仪式课程记忆以及文化记忆的内涵与精神，对青少年的价值观念、行为规范等产生直接影响，既是学校文化的内涵彰显，也是仪式育人的时代诉求。仪式课程记忆的构建与实施，是区域和学校长期积累的过程，是对区域红色教育资源的充分利用与教育融合，需要形成系统、科学、合理的行动路径与学校实践，对仪式课程记忆进行准确定位与路径谋划。基于此，雨花台区鼓励学校以传统仪式和现代仪式为载体，利用仪式课程的周期性、体验性、程序性和渗入性等特点，发挥仪式育人的价值功能，将仪式课程分为常规仪式课程和节日仪式课程，将中华优秀传统文化、中国教育传统、历史文化、价值观念和行为规范等融合其中，并与学校的物型课程相结合，在物型空间和文化环境中实施仪式教育，构建仪式课程记忆体系。

具体来说，在常规仪式课程记忆方面，雨花台区各级各类学校充分利用升旗仪式、开学典礼、毕业典礼、成人礼、拜师礼、入学仪式等传统，以及"仪表之礼""仪式之礼""言谈之礼""待人之礼""行走之礼""观赏之礼""游览之礼""餐饮之礼"，同时融合学校现代仪式，如青春仪式等，在教育传统的承继和现代仪式的融合中彰显民族特质和时代特色，赋予仪式文化内涵，传播主流价值观念和行为规范，指向学生行为、品行、思想和意识形态的培育。例如，雨花台区梅山第二小学，与所处地区的梅山文化与梅花文化相结合，形成了"铁石梅花"的文化图腾，并在入学仪式、入队仪式、成人仪式等活动中，将学校文化融合到育人实践之中，对儿童开展相应的价值观教育和行为规范养成教育等。梅山第二小学在入学仪式中，不仅由校领导致辞以示欢迎和表达希望，还通过庄严的宣誓仪式，让学生初步感知、理解学校文化和育人目标，其入学仪式的宣誓如下：

　　　　我是小学生，爱国爱学校；　　　　我是好儿童，文明守纪律；

　　我是小梅花，学习不怕难。　　　我是小雏鹰，勇敢展翅飞。

　　乐学，多思，善问，践行，　　　做梅山二小好学生！①

同时，梅山二小结合学校物型空间建设，将仪式课程记忆与物型课程记忆相结合，形成文化育人合力。例如，每逢初夏时期，在学校场域内举行入队仪式和成长仪式。在入队仪式中，伴随着嘹亮的队歌，由老队员为新队员系上鲜艳的红领巾，并在大队长的带领下，在队旗下进行庄严宣誓，使儿童能够立志像梅花般俏不争春、坚忍不拔、傲霜斗雪、发奋学习，为将来长大报效祖国而不断积蓄力量。全体队员发出响亮的呼号"为共产主义事业而奋斗——时刻准备着"，表达队员们争做共产主义接班人的强烈心声。庄严的入队仪式让每一位少先队员受到了心灵的洗礼，坚定了他们热爱祖国、顽强学习、承担使命、立志奉献的信念。在 10 岁的成人仪式中，学校安排儿童给父母和教师写一封信，将想说的话表达出来，以示感恩之情，并告诫儿童要立下坚定志向，为梦想不懈努力，在成为产主义接班人和祖国建设者的路上不断奔跑。（见图 3-1）

图 3-1　梅山第二小学的入队仪式活动

① 资料由梅山第二小学提供。

　　在入队仪式教育中，雨花台区学校主动走出学校，将入队仪式教育与家庭教育、社会教育有效结合，发挥三方育人的协同合力。在学校教育中，通过相应的宣传教育，学生可以初步了解革命传统和红色文化；在家庭教育中，通过让学生做些力所能及的事来践行革命传统；在社会教育中，则是发挥纪念场馆的作用，通过仪式活动的具体举行，学生得以感同身受。例如，雨花外国语小学花神庙分校的一年级入队仪式教育，学校首先通过"红领巾广播站"宣讲、主题班会等形式开展队前教育，使儿童了解有关少先队的基本知识以及雨花英烈故事；在家庭教育中，鼓励儿童开展做家务等形式，鼓励儿童协助家长做一些力所能及的事。在具体的入队仪式教育中，学校则充分利用区域内的雨花台革命烈士陵园群雕，开展入队仪式活动，具体包括"出旗、宣读新队员名单、聘任中队辅导员、授予新中队旗、授予新队员红领巾、呼号、唱队歌、校长寄语"等环节；同时，通过聆听紫金草的故事、探寻紫金草和参观雨花台纪念馆等活动，进一步深化学生对入队仪式和雨花英烈精神的具象感知，从而体会红领巾的价值，感悟革命先烈的英勇无畏精神，不断增强少先队员的光荣感和责任感，进一步激发队员的爱国情怀。（见图3-2）

图 3-2　雨花外国语小学花神庙分校一年级的入队仪式教育活动

此外，在具体的入队仪式中，雨花台区学校还注重通过聘请校外辅导员的形式，由之专门向儿童讲解英烈故事，激励新队员学习英烈精神；鼓励新队员邀请自己敬爱的人为自己佩戴红领巾，为入队仪式留下深刻记忆；利用雨花台区特有的"红领巾广场"举行入队仪式，激励新队员要时刻以少先队员的标准严格要求自己，在少先队组织中历练，为胸前的红领巾增光添彩，并为新队员发放"寻访英烈故事卡片"，由儿童和家长共同寻访雨花英烈事迹和故事，并及时记录，分享交流(见图3-3、图3-4)。综上可见，雨花台区学校通过多措并举的形式，不断拓展入队仪式的形式和内涵，探索着雨花英烈精神如何有效地"入脑入心"，形成了特色各异的学校路径。

在节日仪式课程方面，充分利用传统节日、庆典、纪念日等契机，与历史文化、革命精神等深度融合，特别是在革命传统的教育仪式中，学校结合国家民族共有的和区域内特有的红色教育资源，将民族性与区域性的革命传统纳入学校教育之中，利用各种纪念仪式——如国家公祭日、建党节、国庆节、清明节等——在常态化、定期举行中实施仪式教育。例如，充分利用"雨花英烈精神"的革命传统，结合清明节等节日开展祭扫仪式，让师生理解革命传统，感悟革命精神，厚植家国情怀，不断传递着党和国家的理想信念、品格操守和价值观念。例如，雨花台区板桥小学，利用国家公祭日、清明节等契机，开展了一系列的悼念活动和祭扫活动。在国家公祭日的悼念活动中，板桥小学在南京大屠杀遇难同胞纪念馆中开展了集体默哀、敬献花圈、诗朗诵、全体宣誓和参观纪念馆等活动，由"说教式育德"变为"体验式育德"，让学生在仪式活动和参观活动中，增强爱国情怀，感悟革命先烈精神，激发儿童的奋进精神，使之勿忘国耻、珍爱和平，为振兴中华而努力。(见图3-5)

图 3-3 雨花台区共青团路小学少先队新队员在"红领巾广场"的入队仪式

图 3-4 雨花台区共青团路小学少先队新队员的"寻访英烈故事卡片"

图 3-5 板桥小学的"勿忘国耻 珍爱和平 发奋读书 振兴中华"悼念活动

仪式课程记忆的构建，不是偶然的、时断时续的，而是具有连续性、历时性和系统的，是在长期的积累和实践中逐渐探索出来的、一以贯之的学校育人实践，需要各级各类学校做好顶层设计，将之系列化、多元化和丰富化，历久而弥新，成为学校文化和育人实践的重要组成部分。雨花台区学校始终重视结合重大纪念活动和仪式等，开展系列仪式教育活动，以仪式的庄严静穆而使学习者增强情感体验和情怀感悟，将红色文化、红色基因有效植入学生内心，提高学生的政治认同、文化认同和国家认同，实现红色文化和党史的"入脑入心"。例如，雨花台区梅山一中，自 2014 年开始，每年定期在国家公祭日开展"南京大屠杀死难者国家公祭日"主题教育活动，如 2018 年的"为了不能忘却的历史"主题活动、2019 年的"哀伤藏于心，吾辈当自强"的主题活动和 2020 年的"勿忘国耻、圆梦中华"的主题活动，结合升旗仪式、主题班会、诵读学传、三行诗征集、网上公祭、教室文化营造等活动，丰富仪式活动形式，深化仪式活动内涵，以此来宣扬和彰显中国人民反对侵略、维护和平的坚定立场，激发青少年的爱国情怀。简单举例如下，在"诵读学传"活动方面，结合国家公祭日的纪念仪式和活动，梅山一中通过《山河永固》《和平宣言》等诗歌朗诵，以朗诵的感染力铭记那段苦难的历史，以"创伤记忆"或者"苦难记忆"的回顾使青少年铭记历史、珍惜和平，为实现中华民族的伟大复兴而奋斗。在"三行诗征集活动"方面，梅山一中借助诗歌的抒情言志，鼓励学生创作，以优美精炼的诗词来表达内心的丰富情感和对革命历史与传统的认知，在以诗歌寄托哀思的同时，既锻炼了学生的语言文字表达能力，又激发了学生的思维和情感，诗言志、志显情，祈愿和平而又筑梦未来。（见图3-6）

图3-6　梅山一中"三行诗征集"活动的学生作品

仪式课程记忆的构建与实施，需要借助强烈的"仪式感"，在"仪式感"中增强情感体验，激发青少年内在情感的触动、思想的感悟，强化历史与现实的结合，在对历史心存敬畏的过程中，逐渐让青少年的情感得以熏陶、品格得以提升、行为得以淬炼，自幼养成正确的价值观、人生观和世界观，丰富历史素养，培育家国情怀，锻铸行为习惯，构建正确合理的红色文化记忆。

【案例】

南京市雨花台区景明佳园小学的仪式教育活动

2019年9月18日是纪念九一八事变88周年的日子。我和部分中队队员统一服装，一起走进了南京市雨花台革命烈士陵园，开展"红领巾'红色精神'诵读学传"主题活动——寻找革命英烈的足迹。那日骄阳似火，气温较高。队员们面向雨花台革命烈士雕像站立，其间我发现他们一动没动，尽管汗水早已浸湿了他们白色的衬衫，但他们仍然在呼号宣誓的时候发出了最洪亮的声音。队员中有一位我认为比较娇生惯养的小马同学，活动结束之后我还特意表扬了她良好的表现。"今天你的表现真不错，都没有随意乱动，天气这么热也没有抱怨。"我笑呵呵地说道。"老师啊，这不就是你班会课时给我们讲的八礼四仪中的仪式之礼吗？这里可是雨花台革命烈士陵园啊，我应该这么做，而且大家都是这样做的！"那一刻虽然被小马怼得哑口无言，但心里还是美滋滋的。后来我和中队队员们还一起参观了雨花台革命英雄纪念馆，还特意找到了自己中队的代表英雄——袁咨桐，仔细阅读了英雄的生平事迹后还合影留了念。红色教育的主题非常宏大，依靠平时教育中的点滴积累、关注教育中的"仪式"。站在革命英雄烈士纪念碑前，心存敬畏、严肃庄重、统一服装、笔直站立，拍照留念，我们需要这些细小却很重要的"仪式感"来纪念特别的日子。此次"寻英"之旅，不仅让全体队员对心中的英雄有了进一步的了解，更使其受到了深入心灵的品格熏陶。革命英烈们的崇高品质深深镌刻在每一位队员的心中。

临近国庆，学校举行了以"唱响新时代，献礼共和国，祖国在我心中"为主题的国歌歌唱展演活动。比赛之前，班级学生积极排练，同时也多亏了音乐老师的协助，大家一次次找节奏，一句句歌词重复演唱，能感受到同学们都很想把国歌唱好。站在一旁的我关注到孩子们在最后一次演唱的时候，目光齐齐注视着教室最前方的国旗。随着音乐旋律的步步高昂，那种为国旗骄傲、为国歌骄傲、为祖国骄傲之情油然而生。在给孩子们整理仪表之时，我准备给他们每人的衣服上贴上国旗的小贴画。我提问：这个国旗贴画应该贴在哪里比较合适呢？同学们畅所欲言，其中班长庞晨曦的提议获得了全班的认可。"国旗应该贴在我们衣服的左上角，那是离心脏最近的地方！""好！"就这样，42面国旗小贴画贴在了离每位同学心脏最近的地方。活动结束之后，我也教育孩子们国旗贴画不可以随意乱丢，指导他们贴在了语文书的封面上。"随风潜入夜，润物细无声。"于无声处的爱国教育，我想更能激发孩子们的情感。国旗是国家的象征，神圣不可侵犯。从小给孩子们树立起这样的意识，我们的教育才是有意义的。

2019年秋学期，我们中队积极开展每周五的中队会课。队会课上，小队汇报人数、出旗敬礼、奏唱队歌、主持人解读主题、队员汇报表演，辅导员总结……都历历在目。很多时候作为辅导员的我会想孩子们还很小，他们未必真的懂什么国家主权，国旗、国徽不可侵犯的道理。这些队会课的"仪式感"在老师的眼中司空见惯，但在孩子的心中还是有了些许化学反应。一次语文习作题目为"学写倡议书"，我班王兴阳同学给香港同胞写了一份《"爱我中国"倡议书》。孩子的语言虽然稚嫩，但字里行间充满了对那些侮辱国旗、国徽的暴徒的指责和唾弃，为香港警察鸣不平。"身为一个中国公民，却践踏、辱骂自己国家的国旗，难道不是一件可耻的事情吗？""祖国像母亲一样保护着我们，我们要给予她尊严……让我们做一个有爱国之心的中国人，爱我中华!"这些都是孩子文章中的原句。文章在班级范读，同学们听完后都纷纷鼓掌。我想这掌声不仅是给王兴阳的，也是给那些暴乱中坚守岗位维护国家主权的香港警察们。课堂是教师的主阵地，中队会课是我们中队辅导员老师进行爱国教育最直接的课程，利用好这样的课程，不让它流于形式，该有的"仪式感"一点不能缺，这是辅导员老师的使命。热爱祖国，保卫国旗、国徽，维护国家主权完整，热爱红领巾……不是一句空话，也不能让它成为一句空话。这样的概念从小就要让它在孩子的心中落地生根。①

综上可见，雨花台区的各级各类学校以仪式课程记忆为支撑点，从不同维度和路径建构了课程体系，开展了系列仪式教育活动，深化了"雨花英烈精神"的时代内涵，彰显了革命文化、革命传统的弘扬与育人价值。在开展常规仪式课程记忆和节日仪式课程记忆的同时，雨花台区的学校一直在探索，将零散的、非系统化的仪式活动和课程建设逐渐系统化和科学化，通过校本读物中仪式课程记忆的强化、育人实践中仪式活动的系统化等途径，不断健全、完善仪式课程记忆的整体构建，以此推动红色教育和红色文化记忆的"入脑入心"，最大化地发挥培根铸魂之功效。

以雨花台实验小学为例，学校在仪式课程记忆建构方面，以红色教育"四大模块"为载体，在"承先继志"教育、"勿忘(节)日"教育和"实践体验"教育等模块中融入仪式课程记忆，如"承先继承"教育模块中，以学校富有特色的"英雄中队"为主线，每年定期到雨花台烈士陵园开展祭扫活动，利用假期时间走近红色文化阵地、爱国教育基地，队员们将英雄的名字写在队旗上，印在心灵中，通过实际行动"继承先烈志，当好接班人"；在"勿忘(节)日"教育模块中，充分利用重大事件难忘日(如九一八事变，

---

① 案例由景明佳园小学提供。

南京大屠杀死难者国家公祭日等重大纪念日)，开展以爱国主义为主题的教育，设置了"中华传统节日课程""成长仪式课程"和"纪念(节)日课程"等；在实践体验教育模块中，开设了"我们的英雄"英雄中队课程(包括爱党爱国、勤学奋进、坚强乐观、责任担当等主题)和"红领巾志愿服务课程"(包括党史队史、文明礼仪、讲解服务、习惯养成等)，使儿童在耳濡目染和志愿服务中加深对雨花红色文化和英烈精神的理解。特别是，雨花台实验小学结合学校的校本读物，将仪式课程记忆融入其中，在校本读物《让德性在生命中成长——小学德育活动指南》中，分年级分主题设置了"养成教育活动""承先继志教育活动""实践体验活动"和"'难忘日'"活动。(见图 3-7、表 3-2、表 3-3)

图 3-7　雨花台实验小学仪式教育活动概览

表 3-2　雨花台区实验小学"勿忘日"仪式课程设计①

勿忘日	设　计　理　念
入学仪式	1. 通过一年级新生入学礼，让学生见证入学第一课，体验到成为一名小学生的自豪感、集体感、归属感 2. 通过爱与责任的传递，让老师承担起育人的重任，同时在家长、社会的心中产生对老师、对教育的敬重感
成长仪式	1. 通过活动，把祝福和嘱托送给学生，教育他们怀揣一颗感恩的心，鼓励他们和父母、老师作真诚的交流 2. 让学生懂得对生活和他人心存感激，学会理解和关心，学会知恩图报，感谢父母的生养之恩，感谢师长的教导之恩，感谢他人的帮助之恩
入队仪式	1. 通过入队仪式，让新队员从小树立远大理想，增强新队员的爱队意识 2. 让新队员了解队史，掌握队仪，尊敬少先队，感受作为一名光荣的少先队员的神圣使命
毕业仪式	1. 通过隆重而有意义的毕业典礼来展示六年来的学习生活，表达毕业生对母校教师的感谢之情 2. 通过毕业典礼对学生进行再次的感恩教育，引导学生立足今天、脚踏实地，朝着自己的理想奋进

---

① 表格内容由雨花台区实验小学提供。

表 3-3 雨花台区实验小学"让德性在生命中成长——小学德育活动指南"活动设置①

	一年级	二年级	三年级	四年级	五年级	六年级
养成教育活动	背上心爱的小书包	集体成长树	让好习惯成为一生的好伙伴	伸出你我的手	好书伴我成长	放飞理想做有责任心的好少年
	争做文明的小天使	我是校园绿色小卫士	今天我当家	遵守公共秩序大讨论	拒绝"白色污染"，保护绿色家园	感恩母亲
承先继志教育活动	我爱红红的雨花石	寻访烈士的足迹	烈士，我们永远记住您	我为烈士描碑文	超越时空的对话	学习雷锋好榜样 做雷锋式的好少年
	成长在雨花台下 烈士中队，我知道	英雄故事伴我成长	"新座右铭"伴我成长 我为红领巾添光彩	当遇到困难时	我是快乐的讲解员	烈士墓前话明天
实践体验活动	我的事情我来做	我的种子发芽了	快乐的岗位	夸夸你我	志愿服务伴我行，快乐体验助成长	难忘母校，难忘师恩
	我与小树做朋友	我有志愿岗了	爱心三体验——"心存感恩，感悟母爱"	解密小鸡出生	地球，我们共同的家园	"手拉手心连心"网络交友
"难忘日"活动	今天，我是小学生！	家乡的春节习俗	粽叶飘香话端午	"今天我十岁"集体生日会	难忘国耻振兴中华	心愿墙
	我是一名光荣的少先队员	我给爷爷奶奶压岁钱		走，到大自然中踏青	"历史上的今天"演讲比赛	走进养老院携手夕阳红 给母校的一个建议

① 表格内容根据雨花台实验小学校本读物《让德性在生命中成长——小学德育活动指南》整理而成。

尤其是，"英雄中队"是雨花台实验小学的学校特色，学校少先队工作紧紧依托雨花台，以革命传统教育为切入口，以"学英雄、争创英雄中队"为主线，以丰富多彩的英雄中队活动为载体，着眼于爱国主义教育和革命传统教育，把红色教育与中队成长结合起来，引导队员们将英雄的品行传承。学校大队部先后命名了"卢志英中队""雷锋中队""孙津川中队""何宝珍中队""骆何民中队""恽代英中队""邓中夏中队""黄励中队""郭纲琳中队""九烈士中队"等12支英雄中队。特别是学校的"卢志英中队"，创建于1955年，由南京团市委命名，是中国最早的以英雄名字命名的少先队中队，也是全国第一支英雄中队。卢志英中队的辅导员定期带着队员们来到烈士墓前向卢志英烈士献花圈、鞠躬默哀；通过开展"给英雄拜年"活动，队员们向天堂遥寄给卢伯伯的拜年信，汇报祖国的发展、自己的成长；"心系灾区"义卖活动中，队员们为灾区小伙伴捐款、捐物，为处在困难中的人们送去关怀……英雄精神在每一次活动中渗透，在每一个行动中升华，中队也被评为"江苏省英雄中队"①。

二、仪式课程记忆的典型个案

党的十八大以来，习近平总书记多次实地缅怀革命先烈、号召传承红色基因，并强调，要"讲好党的故事、革命的故事、根据地的故事、英雄和烈士的故事，加强革命传统教育、爱国主义教育、青少年思想道德教育，把红色基因传承好，确保红色江山永不变色"②。红色文化是新时代背景下学校教育工作的基本内涵之一，全国各地开展了红色文化进校园活动，以红色文化来发挥立德树人、培根铸魂之功用。在这些具体活动中，学校仪式成为重要的组成部分。可以说，学校教育中的仪式课程记忆构建，既为文化记忆的传承提供了场域结构，又为青少年的行为规范、学校文化的创新发展等提供了新的思路与方向。

---

① 根据雨花台实验小学提供材料整理而成。
② 《习近平在河南考察时强调 坚定信心埋头苦干奋勇争先 谱写新时代中原更加出彩的绚丽篇章》，《人民日报》2019年9月19日。

仪式课程记忆的构建，需要充分整合校园场域建设、家庭教育等方面的仪式教育资源，为灵活利用课程化仪式来进行红色教育打好基础。校园红色场域的建设有利于提升仪式的场域性，当学生们处于一个红色标语、英雄事迹、经典军人老照片随处可见，五星红旗高高挂起的校园时，红色元素自然点滴入心，达到潜移默化的影响，让仪式教育更富有吸引力和感染力；家庭的仪式教育可以让学生的心灵从小就浸润在红色氛围之中，小到穿衣时要把所有扣子扣好的仪式感，大到诉说家国情怀、讲述革命故事的生动教育，让仪式教育顺其自然。同时，在互联网、多媒体和大数据的广泛应用下，仪式教育的手段可以利用这些技术资源变得更加多元化，从而创新仪式教育的形式。例如，可以注重新媒体的运用和引导，在公祭仪式、党日仪式、团日仪式、队日仪式等仪式活动中，开展红色主题演讲、征文、表演或现场红色知识竞答等纪念庆典仪式，并进行网络直播或网络评比，来打破传统仪式教育的固定结构和一成不变，为课程化仪式注入新鲜的、积极的红色元素。

仪式课程记忆的构建与创设，是一种渗透式、贯穿式、生活化和实践化的课程形态，将文化与课程相融合，使学生在仪式参与、课程学习等过程中进行文化的感知、情怀的陶冶和信仰的巩固，进而内化为自身的理念和行为。因此，雨花台区的学校在构建仪式课程记忆的过程中，注重结合雨花英烈精神，通过仪式课程的实施、仪式活动的举行等方式开展常态化的仪式教育，营造良好的仪式文化环境，将红色文化、革命精神有效融入学生的日常生活、学习与实践之中，使学生了解国家民族建立之不易，感悟革命先烈之精神，构建科学合理的红色文化记忆，形成正确主流的价值观与世界观，震撼其情感思想、丰富其历史素养、增进其文化认同，自觉担任起民族复兴之大任。

（一）常规仪式课程记忆构建

常规仪式课程记忆是借助江苏省"八仪四礼""英雄中队"仪式、升旗仪式等活动而开展的，将"雨花英烈精神"融入其中，实现红色文化记忆与仪式活动的有效结合，以其常规化、定期化举行而构建的仪式课程记忆。

多年来，岱山实验小学立足区域红色资源，坚持"培养红色小公民"的核心理念，在入学仪式、入队仪式、"英雄中队"授旗仪式以及传统节日仪式等活动中，将"雨花英烈精神"等红色文化融入其中，彰显仪式教育的文化意义和教育价值，通过常态化的仪式教育、仪式活动，构建了以学校仪式为主要形式的活动课程，探索了具有学校特色的以入队仪式、"英雄中队"授旗仪式和传统节日仪式为主体的仪式课程记忆。在此，以南京市雨花台区岱山实验小学为例，具体展现其入队仪式、"英雄中队"授旗仪式等。

1. 入队仪式

入队仪式是小学阶段的重要仪式之一，儿童通过加入少先队、佩戴红领巾等形式，给予学习和生活以仪式感，在仪式举行中使儿童初步认知入队的价值意义，奠定人生观、价值观和世界观基础，扣好人生的第一粒扣子。岱山实验小学的入队仪式环节，主要如下：

第一项：全体立正，仪式开始。

第二项：出旗(奏出旗曲，全体队员敬礼。嘉宾和尚未入队孩子不需敬队礼)。

第三项：唱队歌《我们是共产主义接班人》2遍。

第四项：党务工作者、家长代表分享心得。

第五项：大队辅导员宣读组建一年级少先队组织的决定，宣布新队员名单。

第六项：为新队员授红领巾。(四年级老队员)

第七项：新队员宣誓。(新队员面向大队旗，大队辅导员领誓)

第八项：为新建中队授中队旗。(校领导)

第九项：为新建中队聘请中队辅导员。(校领导)

第十项：中队辅导员讲话

第十一项：呼号

第十二项：退旗(奏退旗曲，全体队员敬礼。嘉宾可不敬队礼)

第十三项：仪式结束。①

入队仪式教育，并非仅仅简单的、纯粹的入队，而是要使儿童明白入队的价值意义，理解入队的内涵。为了帮助儿童成为合格的少先队员，班主任不仅教给儿童学习敬队礼、佩戴红领巾，同时帮助、引导儿童牢记历史，带领少先队员前往老兵那里学习，听老兵爷爷们讲那些战争时期的峥嵘故事，结合红歌、队歌的编排，以具象化的形式，进一步加深儿童对入队仪式的理解和对革命精神的领悟。在具体的入队仪式活动中，伴随着雄壮的出旗曲、整齐的步伐、庄严的队旗、嘹亮的队歌，儿童们身处仪式之中，接受情感的熏陶、精神的陶冶，使其感悟身为少先队员的荣誉感和使命感。

【案例】

岱山实验小学的入队仪式活动

在雄壮有力的出旗曲中，少先队旗手与护旗手们迈着整齐的步伐，精神抖擞地进行着庄严的出旗仪式，鲜艳的队旗为队员们指引方向。紧接着，嘹亮的歌声响彻校园上空。"我们是共产主义接班人，继承革命先辈的光荣传统，爱祖国，爱人民，鲜艳的红领巾飘扬在前胸……"主持人宣读了新组建少先队中队以及新队员名单，一年级的同学们被正式批准加入中国少年先锋队，成为光荣的少先队员。伴随着音乐，六年级优秀队员代表为全体一年级学生佩戴红领巾，同学们正式成为中国少年先锋队队员，激动的心情溢于言表，每一个孩子都显得那么认真而严肃，又是那么自豪与光荣。当胸前飘扬起梦想的红色时，一年级孩子们便有了新的身份。唯愿他们全力以赴，去面对崭

---

① 资料由南京市雨花台区岱山实验小学提供。

新的自己。红领巾为什么那么鲜红、那么闪亮？是因为先烈们用自己的鲜血染红了红领巾，用自己宝贵的生命为共和国奠基。先烈们的功绩是不朽的，他们的精神是永存的，共和国不会忘记他们，人民不会忘记他们，少先队员更不能忘记他们。大队辅导员带领队员们庄严宣誓："好好学习，好好锻炼，准备着，为共产主义事业贡献力量。"一次宣誓，声声掷地；一次呼号，充满希冀！一个仪式，凝铸爱的教育；一个队礼，记录成长印记；宣誓声惊天动地；东风娃精彩大气！成长路师生共舞，入队礼一生铭记！校长为新建中队中队长授旗，为新组建的中队颁发聘书并佩发红领巾。这标志着班主任老师成为中队辅导员，他们将在今后的活动中当好队员们成长中的引路人，做少先队员的亲密朋友，培养好祖国的接班人！在大队辅导员的带领下，队员们在队旗下呼号："准备着：为共产主义事业而奋斗！"队员们回答："时刻准备着！"①

2. "英雄中队"授旗仪式

"一个有希望的民族不能没有英雄，一个有前途的国家不能没有先锋。包括抗战英雄在内的一切民族英雄，都是中华民族的脊梁，他们的事迹和精神都是激励我们前行的强大力量。"②为了传承民族精神、革命传统，雨花台区的中小学均成立了"英雄中队"，并以雨花英烈来命名，纪念、承继和弘扬革命先烈的民族精神和家国情怀，以此激发儿童的爱国热情，厚植爱国情怀。岱山实验小学成立了诸多"英雄中队"，在授旗仪式、交接仪式中，邀请烈士后人授旗、聆听英烈伟大事迹，让儿童在仪式中接受红色教育，为其理想信念、价值观念和行为规范的树立奠定基础。例如，2019 年3 月 29 日，在"恽代英英雄中队"的授旗仪式中，学校将授旗地址选在雨花

---

① 案例由南京市雨花台区岱山实验小学提供。
② 习近平：《在颁发"中国人民抗日战争胜利 70 周年"纪念章仪式上的讲话》，2015 年 9 月 2 日。新华网，http://www.xinhuanet.com/politics/2015-09/02/c_1116454204.htm

台烈士陵园，并邀请了郭纲琳烈士的后人郭常根为英雄中队授旗，在队旗的传授中彰显精神的延续、使命的传承。同时，学校结合授旗仪式，在学校开展以"童心敬英雄"为主题的革命传统教育，有目的地向队员们讲述中国革命历史，访问革命前辈，思过去，想未来，学英雄，赞英雄。

【案例】

岱山实验小学"英雄中队"授旗仪式（见图3-8）

伴随着庄严肃穆的出旗曲，三名旗手昂首挺胸，手中鲜艳的少先队队旗迎风招展，缓缓映入眼帘。红领巾在队员们胸前飘扬，标准坚定的少先队礼、嘹亮的少年先锋队队歌展示了他们的时代新风貌。

图3-8　岱山实验小学"英雄中队"授旗仪式

凝重的乐曲声唤起我们内心的思念，两百余名学校师生静静肃立，向与世长辞的革命先烈们低头默哀。郭纲琳烈士的后人郭常根爷爷来到活动现场，为"英雄中队"授旗。在接过"英雄中队"队旗的那一刻，队员们用严肃、坚定的眼神，表达了他们学习英雄、传承英雄精神的决心，红色基金也深深扎根于他们心中。手手相传的那一刻，队员们知道那是一种精神的延续，那是一种使命的传承。

从孙津川、邓中夏到何宝珍、卢志英，一个个令无数中华儿女称颂的名字，雨花台烈士纪念馆何海燕讲解员带我们走进他们的故事！于是，一幅幅英雄的画卷便展现在我们眼前！①

旗帜的授予，只是"英雄中队"的开始，儿童身处中队之中，在接受革命先烈精神熏陶的同时，学校利用节假日开展了一系列活动，寻访英烈后人、场馆学习、红色展演等形式，成为队员们接受红色教育的重要形式。例如，学校在假期中组织了"雏鹰假日小队"（见图3-9），开展了寻访雨花

图 3-9　岱山实验小学的"雏鹰假日小队"

① 案例由南京市雨花台区岱山实验小学提供。

英烈后人的红色寻访活动，让队员们聆听英烈故事、收集英烈心愿，还进行了现场汇报表演。

在"英雄中队"的授旗仪式和交接仪式中，学校利用举行仪式之契机，鼓励儿童开展学习英烈、致敬英烈的系列活动，例如参观雨花台烈士纪念馆、制作手抄报、开展假期社会服务等形式，传承、弘扬和践行着英烈精神，通过多元的活动形式、丰富的活动内容，使儿童感知革命英烈，学习英雄事迹，内化为价值观念和行为规范。

3. 升旗仪式

升旗仪式，是中小学教育中的常规仪式活动，每周一定期举行，通过主题讲演、奏唱国歌等形式，厚植青少年的爱国情怀，使之成为青少年头脑中难以抹去的仪式记忆。升旗仪式以其庄重、严肃，通过国旗、国歌等国家象征符号的表征，在仪式举行中传递着党和人民的理想信念、革命精神、品格情操与价值诉求。[1] 特别是，"仪式作为信仰、态度和神话的化身，通过表达和描述，完成了物质化和现实化的转变过程，并成为行为和思维之间的桥梁"[2]。就此来说，升旗仪式作为国家的象征，通过国旗的升旗、国歌的奏唱和仪式的严肃，使党和国家的理想信念、价值信仰等传递给青年一代，是实施爱国主义教育的重要形式和内容。

雨花台区的学校在红色文化的仪式课程记忆构建中，融合"雨花英烈精神"，将红色教育与升旗仪式紧密结合，通过主题演讲等形式，向青少年解读革命精神、讲述革命情怀，以仪式的严肃、言语的解读，进一步深化了青少年对"雨花英烈精神"、革命传统和民族精神的理解和内化。例如，雨花台中学在升旗仪式中，通过教师代表的解读，结合时代特色，向学生们传递了革命烈士的精神。

---

① 缪学超：《学校仪式的文化记忆功能及实现路径》，《教育学报》2020 年第 2 期。

② ［德］克里斯托夫·武尔夫著，张志坤译：《教育人类学》，教育科学出版社 2013 年版，第 114 页。

【案例】

雨花台中学升旗仪式主题演讲——英烈情，雨花魂

每逢清明时节，人们无论身处何方，都会回乡扫墓祭祖，这是中华民族礼敬祖先、慎终追远人文精神的一贯体现。请别忘了，在我们雨花台，还有一群为中国革命英勇牺牲的烈士也值得我们追思缅怀。下面，请和我一起通过几个真实的故事，感受雨花魂的力量。

雨花魂是坚贞不屈的信仰。信仰是共产党人魂魄的精髓，雨花台烈士中大多数是共产党人。他们以改造中国为己任，为实现民族独立、人民解放、国家富强和共产主义理想坚定执着，义无反顾，矢志不渝。1934 年牺牲的中共河北省委书记施滉烈士，17 岁以优异的成绩考入了清华学校，1924 年前往美国斯坦福大学深造。在大学学习期间，他接受并选择了马克思主义，成为中国留美学生中最早的共产党员之一。1928 年，施滉在斯坦福大学取得了历史学硕士学位。硕士毕业后，他面临着两种选择：一种是继续留在美国学习，取得博士学位，然后谋得一份好职位；另一种就是回国参加革命斗争。施滉毫不犹豫地选择了后者。1933 年 1 月，施滉担任中共河北省委书记。同年冬天不幸被捕，次年在雨花台被国民党当局杀害。

像施滉这样许许多多知识分子出身的共产党人，他们都有机会凭借受过的良好教育，过上富足安定的生活。但他们却为了心中的理想和追求，放弃了现实的利益、长久的富贵，放弃了属于个人的种种功利，甚至不惜为之付出鲜血和生命，这就是信仰的魅力和力量。

雨花魂是义无反顾的牺牲。要奋斗就会有牺牲，雨花台成千上万革命先烈，虽然籍贯不同，身份不同，但他们都为振兴中华、造福人民流尽了最后一滴血。尤其令人扼腕叹息的是，他们中的很多人都牺牲在豆蔻年华。

雨花台有一条小路叫做"丁香路"，记载着革命者白丁香和乐于泓

的爱情。1925 年，白丁香和乐于泓相识于苏州东吴大学，1931 年白丁香加入中国共产党，次年乐于泓也加入中国共产党。1932 年 4 月，经组织批准，两人在上海举行了秘密婚礼。9 月，白丁香因叛徒出卖在北平被捕，随后押至南京。1932 年 12 月 3 日，已有 3 个月身孕的白丁香在雨花台牺牲时年仅 22 岁。乐于泓与白丁香相识七载，相知结缘仅仅五个月。

革命者和普通人一样，他们也珍爱人生，热爱生活，渴望爱情的甜美、家庭的幸福、亲人的团聚。但是，在民族危亡之际，他们把对国家民族和人民的大爱，置于身家之上，以小家成全大家，以牺牲追求理想，用青春热血和生命，写出了一代先进分子的勇敢和担当。

雨花魂是冰雪晶莹的情操。富贵不能淫、贫贱不能移、威武不能屈，这是中华民族先贤对高尚品格的仰慕。牺牲在雨花台的革命烈士，就是这种德行的追求者和践行者。

1931 年牺牲的中共吴县县委书记朱杏南，家境富足，他的祖父开米行发家，置有田产五百多亩。祖父和父亲去世后，朱杏南分得田产两百多亩，又与朋友合资兴办酒坊，收入丰厚。然而，就是这个衣食无忧的富家子弟，在大革命失败后，建立了江阴澄西地区第一支农民革命武装队伍，参与领导了江阴东乡的峭岐暴动，成为当地农民运动领袖。为筹措革命活动经费，他不断地变卖家中的田产，为营救被捕的同志，还动员妻子卖掉了金银首饰。1930 年 9 月，朱杏男在苏州被捕，1931 年牺牲于南京雨花台。

和朱杏男一样，雨花台烈士中的很多人，家境相当殷实，个人境遇良好，处于当时社会的上层。但他们心中始终装着处于水深火热之中的劳苦大众，面对眼前的安乐、可及的富贵和到手的钱财，不留恋、不动心、不伸手、不挥霍，展示了共产党人崇高的世界观、人生观和义利观。

同学们，无论是战争年代，还是和平年代，"一个有希望的民族不能没有英雄，一个有前途的国家不能没有先锋"。哪有什么岁月静好，不过是有人替你负重前行。

1936年10月出生于江苏南京的中国工程院院士钟南山，2020年再次临危受命，挂帅亲征，敢于发声，家喻户晓，一声号令，全民不动，钟南山是一位院士，也是一位战士，更是一位国士。

还有在2020年6月与越境外军殊死斗争中壮烈牺牲的陈红军、陈祥榕、肖思远、王焯冉4位戍边战友，他们都是新时代的英雄、中华民族的脊梁。

缅怀先烈、追思英雄是对历史的尊重；崇尚英雄、学习英雄是对现实的关爱。即使我们做不了别人的英雄，至少可以做自己的英雄！①

(二)节日仪式课程记忆建构

节日仪式课程记忆是借助传统节日的契机，如清明节、建党节、建军节、国庆节、春节等，将节日与历史文化、革命传统与精神等融合，特别是在革命传统的教育仪式中，结合国家民族共有的和区域内特有的红色教育资源，将民族性与区域性的革命传统纳入学校教育，以节日仪式为媒介，构建红色文化的仪式课程记忆。

节日仪式课程记忆具有周期性、渗透性等特点，通过节日仪式的举行，适时选择合适的红色文化并与之融合，既彰显了节日仪式的传统性，又赋予节日仪式以红色化。例如，清明节，作为中华民族历时弥久的传统节日，是社会民众举行祭祀、祭祖的节日。雨花台区的学校充分利用清明节的祭扫仪式，将清明节与革命烈士的祭扫、怀念、学习相结合，开展了各种祭扫活动。如，南京市雨花台区共青团路中学，在清明时节开展了"清明祭英烈，红色永传承"活动，于2020年3月21日开展了线上祭扫英

---

① 资料由雨花台中学提供。

烈活动。为了缅怀革命先烈，加强青少年革命传统和时代精神教育，结合疫情防控和纪念中国人民抗日战争胜利 75 周年，学校响应江苏省文明办清明节"网上祭英烈"活动的号召，组织学生开展了 2020 年清明节网上祭扫活动。师生共同缅怀革命英烈，了解革命先烈的伟大事迹，感受了伟大的爱国情怀，鼓励着师生共同前进。

与中小学不同，雨花台区幼儿园更多的是采取活动课程的形式来开展清明祭扫活动。例如，雨花台区实验幼儿园通过"雨花台为什么和以前不一样？""缅怀是什么意思？""清明节人们为什么要缅怀烈士？""人们是怎样祭扫烈士的？""怎么祭扫烈士呢？""祭扫烈士献什么花呢？""小白花怎么制作？""我们去祭扫"等一系列的探索之旅，使幼儿循序渐进地了解清明祭扫革命先烈的意义，并通过现场观察、对话交流、引导思考、动手实践和实地祭扫等多种形式的结合，让革命先烈精神埋在幼儿小小的心灵中，实现革命精神的代际传承。

【案例】

雨花台区实验幼儿园清明祭扫之"人们是怎样祭扫烈士的？"

清明前后，很多人来到雨花台祭扫烈士，那么人们是怎样祭扫烈士的呢？孩子们带着这样的问题，再一次整装出发直奔雨花台纪念碑下。这次，雨花台纪念区的人更多了，现场祭扫的人络绎不绝。孩子们在后面默默地观看着人们的祭扫活动。一群小学生前来，他们穿着整齐的校服，排着整齐的队伍，站在纪念碑下，敬献花圈、默哀、听老师讲烈士们的故事。一些叔叔阿姨穿着黑色的衣服，整齐地站在纪念碑下，进行祭扫活动。每当默哀音乐一响，孩子们也会情不自禁地低头默哀，讲话的孩子们也会专注安静地聆听。（见图 3-10、图 3-11）

图 3-10 雨花台前来祭扫的人络绎不绝

图 3-11 幼儿观看人们的祭扫活动

看完后，孩子们将人们祭扫的方式仔细地记录下来，见图3-12。

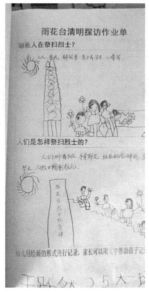

图 3-12　雨花台区实验幼儿园的雨花台清明探访作业单

回园后，孩子们将自己的记录结果进行了分享。

杭杭："老师，我们发现来祭扫烈士的人很多，有军人、学生、爷爷奶奶、叔叔阿姨……"

宸恺："哥哥姐姐穿着整齐的衣服，排着整齐的队伍。"

多多："哥哥姐姐给烈士献花篮。"

老师追问："是花篮吗？"

杠杠："不是花篮，广播里说是花圈。"

老师："哦，有敬献花圈的环节。"

艺源："全体默哀，还要绕纪念碑一圈。"

为了让孩子们理解祭扫烈士是一件很严肃很庄重的事情，老师进行了追问："哥哥姐姐们在祭扫烈士时的神情是怎样的，你们注意了吗？他们是很高兴的样子，还是很难过的样子？"

刘畅："很难过。我听到默哀的音乐都想哭了。哥哥姐姐肯定也很难过。"

老师："为什么祭扫烈士的时候心里会很难过？"（引发幼儿体验祭扫烈士的情绪）

元元："那段默哀的音乐让人听了就想哭。"

多多："主持人讲的话很让人感动，他讲的烈士的故事很感人。"

老师："烈士的故事为什么让人感动？"（激发幼儿学习烈士精神的情感）

子祎："因为那些烈士都太勇敢了，为了保护老百姓连命都不要了，很伟大！我长大了也想去当兵。保护老百姓！"

修齐："我长大了也想当一个大英雄，保护大家。"

老师："你们的想法都很伟大，能给别人带来幸福的人都是心中有大爱的孩子！"（及时回应幼儿，有利于塑造正确的价值观。）①

在清明祭扫仪式活动中，雨花台中学每年组织学生前往侵华日军南京大屠杀遇难同胞纪念馆开展徒步祭扫活动，每年步行十一公里，坚持开展了13年。以2018年的活动为例，师生徒步2小时到达纪念馆后，集体默哀、敬献花圈和鲜花，代表教师发表主题讲话，向学生们讲述历史故事，并告诫学生要以史为鉴、勿忘国耻，"作为社会主义伟大事业的建设者和接班人，要有'为中华民族复兴而读书'的决心和斗志，要有'俱往矣，数风流人物，还看今朝'的自信与豪迈，要有'苟利国家生死以，岂因祸福避趋之'的责任和担当，要有'长风破浪会有时，直挂云帆济沧海'的坚强和乐观，要有'千淘万漉虽辛苦，吹尽狂沙始到金'的恒心和毅力，要有'不管风吹浪打，胜似闲庭信步'的大气和自信，要有'何时眼前突兀见此屋，

---

①　案例由雨花台区实验幼儿园提供。

吾庐独破受冻死亦足'的博爱和胸怀"。（见图3-13）

图3-13　雨花台中学2018年清明节徒步祭扫仪式

除了清明祭扫之外，雨花台区学校在清明时节开展了类型多样、形式多元的纪念活动，如诗歌朗诵、班报展示、线上祭扫等。例如，雨花台中学春江分校中学部开展了"缅怀先烈　诗颂清明"的诗歌朗诵比赛，缅怀先烈、不忘历史，赞美祖国、青春励志，以诗歌的文学魅力为红色文化的仪式课程记忆提供了载体，丰富了其建构形式与路径。

（三）纪念仪式课程记忆建构

纪念仪式，具有唤醒情感、增强认同的功能。"节日和仪式定期重复，保证了巩固认同的知识的传达和传承，并由此保证了文化意义上的认同的再生产。仪式性的重复在空间和时间上保证了群体的聚合性。"①从一定意义来说，纪念仪式通过年复一年的定期举行，实现历史文化知识、国家主

---

①　［德］扬·阿斯曼著，金寿福、黄晓晨译：《文化记忆：早期高级文化中的文字、回忆和政治身份》，北京大学出版社2015年版，第52页。

流意识的代代传承，不仅构建了年轻一代的教育记忆、文化记忆和国家记忆，而且指向了群体的凝聚力，有利于加强认同的建构。纪念仪式课程记忆就是以重要纪念日、重大革命历史事件等载体，通过纪念仪式的定期举行、纪念内容的创设和纪念活动的开展等形式，构建符合学校办学实际的仪式课程记忆，以此来彰显中国共产党的领导地位、共产主义理想信念、革命斗争精神、爱国主义情怀和艰苦奋斗传统等内涵。

雨花台区的各级各类学校，利用国家公祭日、"一二·九"运动、"九一八"事变等纪念日或重大革命事件，将雨花红色文化和革命传统融入其中，开展了丰富多元的纪念仪式活动，发挥纪念仪式课程记忆的育人价值。雨花台区学校的纪念仪式课程记忆建构中，更多的是以国家公祭日为主体，通过国旗下的讲话、主题班会、集体默哀等形式，开展系列纪念仪式活动，使青少年铭记历史，勿忘中华民族的创伤和苦难记忆，构建了青少年的红色文化记忆。

以南京市中华中等专业学校为例。在国家公祭日之际，中华中等专业学校通过图片展、主题班会、晨会、现场参观、举行仪式等系列爱国主义活动，举行了南京大屠杀遇难同胞的国家公祭纪念仪式。在图片展中，学校以"人类的浩劫·1937南京大屠杀"为主题（见图3-14），精选了28幅既有代表性又有震撼性的真实历史图片，展示于学校图书馆一楼展厅，由教师组织、讲解，并在后操场树立了大的展示板作为宣传，供同学们签字纪念。学生在观览、聆听讲解之后，神情肃穆悲怆，沉浸在愤慨之中，图片展使学生走近了南京大屠杀的真实历史，了解了今天的幸福生活来之不易。尤其是侵华日军南京大屠杀遇难同胞纪念馆的现场参观学习，通过纪念馆中的照片、实物、影像、名人信笺、侵华日军回忆录、实景还原等，学生们走进了过去，感受了历史，产生了强烈的同理心，激发了他们的爱国热情和社会责任感。

在国家公祭日的当日，中华中等专业学校在学校举行了公祭仪式，整洁的校服、嘹亮的国歌、静穆的表情，无不体现师生内心的悲恸。随着全城警报响起，师生集体默哀，并进行了庄严的共青团宣誓，此时此刻，学

图 3-14 中华中等专业学校的"人类的浩劫·1937 南京大屠杀"主题图片展

生们比以往更能明白誓词的内涵和精神，更能理解革命斗争精神、艰苦奋斗传统的精神真髓。正如雨花台中学学生在国家公祭日纪念仪式之后，在学习心得中所指出的："从小学起 12 月 13 日都会听到警报，老师让我们肃立并介绍了南京大屠杀。""我们的祖国经历过巨大的磨难，才能有现在的辉煌。所以我们要珍惜和平，更加热爱祖国，为祖国作贡献。人人有衣保暖，有余粮有存款，每个人都能全面自由地向好的方向发展。""作为一名从小生活在南京的学生，常常会感受到一种'珍爱和平、传递和平'的责任感，在公祭日的时候，或是在听到警报的时候感受会特别强烈。"由此可窥见，纪念仪式对学生成长的助益和道德情感的激发，彰显了红色文化育人的价值和作用。

在纪念仪式课程记忆的建构中，除了纪念仪式外，雨花台区还号召、鼓励学习革命先烈，以具体人物的学习与纪念，深化学生对革命精神的感悟。例如，雨花台中学自 1986 年以来，35 年来坚持学习恽代英，开展了一系列的纪念、学习活动，如读恽代英文章、参观恽代英纪念馆、举行主题班会、书写心得体会等，不仅打造了学习恽代英的学校氛围，还能使学生知情意行合一地学习、实践恽代英的革命精神。（见图 3-15）

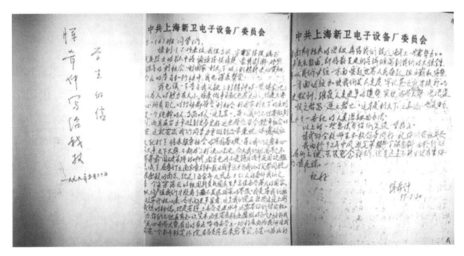

图 3-15　恽代英之子恽希仲 1999 年写给雨花台中学学生的信

仪式课程是实施立德树人、传承红色文化的重要载体，亦是塑造学习者学校记忆和文化记忆的重要媒介。"从记忆客体的角度来说，记忆就是一系列被选择、被征用、被赋予意义的符号；从记忆主体的角度而言，记忆的二次诞生本质上就是一个语言符号的建构和叙事过程——记忆必须以被记忆的方式展现出来——这两者之间天然地存在一种互文相证的关系。"①从此意义上来说，仪式课程记忆是通过对各种仪式的选择和意义赋予，实现了红色文化记忆在学校场域空间的重构与再生性创造，它既是对学校德育工作的探索与创新，更是对立德树人根本任务的落实。

①　赵静蓉：《文化记忆与身份认同》，三联书店 2015 年版，第 43 页。

第四章　功能课程记忆：雨花文化记忆的创造载体

红色文化记忆的传承和发展需要一定的条件，需要有着力点，这个着力点就是红色文化记忆的具象载体和活动载体。同时，要实现其文化记忆的独特性和个性化，就必须依靠创造载体，这个创造载体便体现在功能课程记忆的实施过程中。任何工作的开展都有赖于创造力的发挥，特色和个性也在富有创造力的思想和活动中体现，雨花红色文化记忆的传承和塑造也不例外。有创造性的、有主观能动性的、有选择性的功能性记忆才能达到传承雨花红色精神、塑造青少年文化认同的目的，才更能体现独有的、极具特色的雨花精神。物型课程记忆和仪式课程记忆作为雨花红色文化记忆的具象载体和活动载体，是雨花红色文化在具体传承和塑造过程中依托的具体内容，是对现有文化底蕴的诠释和固化。阿斯曼夫妇认为"主体的建构有赖于功能记忆，即通过对过去进行有选择、有意识的支配。这些主体可以是集体、机构或者个体，但不管怎样，功能记忆与身份认同之间的关系都是一样的。"[1]因此，功能课程记忆与物型课程记忆和仪式课程记忆不同，它是在雨花红色文化精神的指引下，对课程功能进行分析塑造的基础上开展的，有选择的、有主观能动的创造性发挥，雨花红色文化记忆的创新性和独特性有赖于功能课程记忆。功能课程记忆，即是通过有意识地对课程功能进行分析和塑造，充分发挥课程功能在记忆传承中的主观能动性，有选择性、有创

---

[1]　[德]阿莱达·阿斯曼、扬·阿斯曼：《昨日重现——媒介与社会记忆》，载冯亚琳、[德]阿斯特莉特·埃尔主编，余传玲等译：《文化记忆理论读本》，北京大学出版社2012年版，第27页。

造性地激发课程体系在青少年记忆、思想情感、价值取向等方面的显性功能和隐形功能，进而达到塑造和巩固青少年文化认同和国家认同的目的。

第一节　功能课程记忆的内涵解读

一、功能课程记忆的概念衍变

（一）"功能"一词的概念

"功能"一词在不同学科有着不同的含义。在数学中，功能考察的是一个变量与另一变量或其他众多变量的关系，即该变量可由其他变量表达，或者其取值依赖其他变量的取值。这一概念是由"函数"和"函数关系"转变而来的；在生物学中，功能这一术语被理解为"有助于维持有机体的生命过程或有机过程"①，例如肾上腺系统功能、激素功能等；在社会学中，功能一词的含义更加抽象，它指的是一种社会现象对于一个它所属的更为广大的体系来说所具有的被断定的客观结果。② 法国功能主义主要代表人物涂尔干认为，任何社会学的解释都应该由发现该现象的功能构成，他认为"我们宁愿使用'功能'一词，而不是用'目标'或'目的'这种字眼，恰恰是由于社会现象一般地并不是为了它们所产生的有用结果而存在的。我们必须确定，在被研究的事实与社会机体的一般需要之间是否存在对应关系，而且确定这种对应关系在于何处，而不必忙于确定这种对应关系是有意的还是无意的"③。拉德克利夫-布朗认为，人并不是独立存在的，而是靠社会关系网而结成一个整体。"所有重复发生的活动，诸如惩治罪犯或

①　胡义清：《马克思恩格斯文化的社会功能思想研究》，天津人民出版社 2018 年版，第 42 页。

②　鲁洁主编：《教育社会学》，人民教育出版社 1996 年版，第 611 页。

③　［英］邓肯·米切尔主编，蔡振扬等译：《新社会学词典》，上海译文出版社 1987 年版，第 145 页。

葬礼仪式的功能，都是功能作为整体的社会生活中发挥的作用，并且因此是功能对维持这种结构持续下去所作的贡献。"[1]社会学家们对"功能"的认识和表述虽有不同，但他们都普遍认为功能的核心是对社会或文化方面所起作用的那部分。"功能"一词虽所属学科不同，但从其概念界定不难看出，对"功能"一词的界定包含两个方面：第一个方面是从事物内部角度出发，将功能等同于目的和作用，看重的是功能作为内部结构对事物所起到的作用和效果，尤其体现在数学、生物学等学科当中；第二个方面是从事物内外部相互作用的角度，看重的是功能作为事物内部结构与外界产生的联系，并在此联系下产生的结果，二者之间有"相互依存""相互关系""相互依赖的变化"的含义。第二个方面的界定尤其体现在社会学研究中。在现如今的人文社会科学研究中，我们大多采用功能的第二个方面的含义界定，认为功能只有在与其他事物相互联系的过程中才能体现，它强调的是各部分在协同合作的基础上，有秩序地为实现整体需要而发挥的作用。

（二）"功能课程记忆"的概念来源

涂尔干认为，教育具有实现个体社会化和形成个人集体意识的功能。他认为每个社会都应把自己社会的价值观和信念灌输给新生一代。教育既存在于社会这个大系统中，又发挥着实现社会整合和社会控制的功能，同时教育自身也由多种要素组成。课程作为教育系统的子系统之一，课程功能的发挥有赖于与其他子系统的联系、互动。只有正确认识课程在教育系统中的定位和连接作用，才能使课程发挥出最有效的教育教学功能。

"功能课程"与"课程功能"又有所不同。首先，课程功能着眼于"功能"，它强调的是课程在维持和构成相对稳定、持久的大教育系统中发挥的作用，重点是通过课程与其他教育子系统协同和合作，从而不断相互影

---

① ［美］罗伯特·K.默顿，唐少杰等译：《社会理论和社会结构》，译林出版社2008年版，第93页。

响、相互作用的过程。其次，课程功能视角更为宏观，而功能课程更重视的是课程本身，即课程的功能性，例如如何对课程进行功能性分析，从而有选择地开设课程和开发教材，如何开发有利于受教育者身心和成长的课程等，强调的是课程本身对受教育者起到的作用和影响，体现更多的是学校以及教育决策部门的主观能动性，视角更为具体。

由"功能课程"的概念出发，结合法国哲学家皮埃尔·诺拉在"记忆之场"论述的观点，由此衍变出了"功能课程记忆"这一概念。诺拉指出，"从'场所'一词的三种意义上来说，记忆之场是实在的、象征性的和功能性的场所，不过这三层含义同时存在，只是程度不同而已"[①]，记忆之场的功能性在于承载形塑和传承记忆的职能，它除了可以通过具体的物像、象征性的仪式进行记忆传承之外，还可以通过有意识的功能塑造来承载记忆职能。"功能课程记忆"便由此衍变而来。功能课程记忆是指通过对课程进行功能性分析，充分挖掘其在记忆传承中发挥的主观能动性，有意识地对课程进行功能塑造的一种创造性发挥，并最终达到构建文化记忆的目的。

二、功能课程记忆的理论分析

(一)功能课程记忆的学理支撑

在功能分析学派中大多流行着三个相互联系的假设。(1)社会功能一体的代表人物拉德克利夫-布朗认为"一个特定社会习俗的功能就是它对作为整个社会系统运行的整个社会生活的贡献"[②]。他认为，标准化的社会活动或文化事项对于整个社会系统或文化系统是有功能的，并且对于社会每一成员也是有功能的。这种假设肯定了功能的先决条件和社会功能的必

---

① ［法］皮埃尔·诺拉主编，黄艳红等译：《记忆之场：法国国民意识的文化社会史》，南京大学出版社 2015 年版，第 22 页。

② ［美］罗伯特·默顿著，唐少杰等译：《社会理论和社会结构》，译林出版社 2008 年版，第 115 页。

要前提。（2）普遍功能主义假设的代表人物马林诺夫斯基认为"在每一类文明中，每一习俗、物质对象、思想和信仰都实现了某种至关重要的功能"。这一假设以为，所有标准化的社会形式或文化形式都具有正功能。但事实上，我们很容易看出，社会习俗和情感也许对某些群体是有正功能的，但对同一社会的其他群体却是有负功能的。（3）必要性假设提出了功能选择、功能对等、功能替代的概念。首先，必要性假设认为功能在社会中是不可或缺的，不然社会（或群体或个人）就不会存在下去，肯定了功能存在的必要前提。其次，必要性假设认为某种文化形式或社会形式对实现任何这种功能都是必不可少的，同样的事项具有多重功能，同样的功能也可由不同的事项以各种方式来实现。在整体分析这三种功能假设后可以发现：一种功能分析必须明确一定社会功能依托的社会单位，并且必须承认文化事项的多重后果，肯定其正功能和负功能的同时存在，并研究出评价这些后果的方法原则。

在功能课程记忆的理论分析中也应注意到以上几点。首先，应承认学校课程在人类文化记忆系统中是有功能的，并且对每一个记忆个体也是有功能的，要肯定课程功能的必然性和先决条件。阿莱达·阿斯曼认为，文化记忆需要通过"回忆空间"的营建而丰富其形式，他将文化记忆划分为功能记忆和存储记忆。其中功能记忆最重要的特点是"群体关联性、有选择性、价值联系和面向未来"，是能够被选择的、被阐释的、被收编的，具有传播构造身份认同所需要的价值。① 功能课程记忆作为教育记忆的一个下位概念，必须首先肯定学校课程在文化记忆中的功能和作用。功能课程记忆是有选择性的，它通过对特定文化记忆进行筛选、重构和再现，在尊重历史事实的基础上，赋予其特定的文化意蕴和教育价值，并成为连接过去、现在和未来的纽带。这一功能的具体实施靠的是课程功能的设计和引导。因此，肯定课程功能在文化记忆传承发展中的必然性和先决条件是研

---

① ［德］阿莱达·阿斯曼著，潘璐译：《回忆空间：文化记忆的形式和变迁》，北京大学出版社 2016 年版，第 146 页。

究功能课程记忆的理论基础。

其次，课程功能的分析必须依托学校、教师和学生共同进行。一种功能分析必须明确一定社会功能依托的社会单位。正如阿莱达·阿斯曼所说，功能记忆是有群体关联性的，这种关联性体现在记忆的传播必须依赖一定社会功能所依托的社会单位，这种社会单位就是学校。功能课程记忆对文化记忆的塑造和传承必须依托学校、教师和学生共同进行。教师作为教育者在课程的制定和实施的过程中应充分发挥主观能动性，有选择、有目的地对历史记忆的内容进行组织和筛选，同时完善课程实施的方式方法，从传统的课堂教学延展到校园生活教学，有意识地拓宽课程实施的方法和途径，向青少年传播正确的价值观和世界观，增强其国家认同和身份认同；学生作为受教育者和社会个体，除了积极主动地学习吸收课程文化和知识以外，还应对记忆情况做到及时反馈，以便教育者及时对课程进行调整和完善；学校作为学生学习的场所，要充分发挥记忆之场的功能和作用，利用其空间和场所完善功能课程记忆的形式和内容。

再次，必须承认课程在文化记忆传承中发挥的正功能和负功能，并研究出功能评价指标体系，力图将负功能降到最低。功能课程记忆最大的一个特点便是有选择性，课程实施者如何对文化记忆进行筛选和制定直接影响课程在记忆系统中发挥的功能和作用。这种选择性也必将导致功能课程记忆不仅会产生正功能，也会产生负功能，这在一定程度上对课程的制定者和实施者提出了较高要求。在课程内容的选择上要重点关注对青少年健康成长有益的、传承红色文化和民族传统的课程内容，本着增强青少年文化认同和国家认同的目的，在尊重历史文化的前提下，有意识地对课程内容进行加工和改造，重视课程在记忆传承中发挥的正功能。同时，从课程设置、教师活动、学校资源与学生学习效果等方面构建课程功能的评价指标体系，从而真实反映文化记忆在青少年群体中的传承情况。

最后，要积极发挥课程的功能选择、功能对等和功能替代作用。功能选择和功能对等的概念出现在功能分析框架的每一个学科中，例如心理科学、神经病学等学科，强调的是特定功能可由若干可能的结构来实现。①
著名结构主义理论大师尤金·A.奈达在1969年提出了功能对等理论，他
认为语言翻译时"意义是最重要的，形式其次"，翻译时应不求文字表面的
死板对应，而要在两种语言间达成功能上的对等。功能替代这一概念也在
社会学和人类学中广泛应用，强调不应拘泥表面功能的行为方式，可采用
代替这些功能的行为和活动。可以看出，无论是功能选择、功能对等还是
功能替代都表明，功能分析的形式不应拘泥于一，而应灵活多样，课程在
文化记忆传承中的功能发挥也应如此，课程内容的划分，模式和方法的设
置应在有选择的前提下采用灵活多样的方式和方法。

（二）功能课程记忆的分析范式

范式显现了功能分析中概念、方法和推论的核心，其最重要的目的是
为恰当而有成效的功能分析提供指导。功能课程记忆是通过有意识地对课
程功能进行分析，从而实现文化记忆的创造性发挥。因此，建立课程功能
的分析范式是构建文化记忆程序体系的前提，如何对课程功能进行"充分
和准确"的观察和描述是功能分析范式需要解决的重点和难点。美国20世
纪著名社会学家、美国社会学功能主义学派重要代表人物之一罗伯特·
金·默顿认为，在功能分析之前，对社会或文化样本的功能分析范式应包
括：（1）在社会结构内在模式中给参与者定位——有差异地参与。他指出，
对仪式等活动的描述不应仅限于对活动本身或表演者的说明，还应包括对
介入这种仪式各种各样的人的描述，并根据不同介入者的地位和群体归属
作出纯粹性描述，从而发现这一仪式行使功能的主要线索，为功能解释提
供前提。（2）考虑替代性的行为模式，这些行为被我们观察到的模式所排
除（即不仅注意所出现的东西，而且要注意因现存模式而忽视的东西）。
（3）参与者赋予这一模式的情感意义和认知意义，对情感意义和认知意义

---

① ［美］罗伯特·K.默顿，唐少杰等译：《社会理论和社会结构》，译林出版社2008年版，第109页。

充分详细的说明有助于表明功能分析的确切路线。(4)在参与模式的动机与涉及这一模式的客观行为之间作出区别。前者指那些有助于其调试并且是有意安排的客观后果，后者是指同一层次上的无意图的、未认识到的后果。(5)不为参与者认识但仍与行为中心模式相联系的行为规则性。这些未被知觉的规则性常常提供总体模式特有功能的基本线索。①罗伯特·金·默顿提出的这一功能分析范式为功能分析提供了指导和路线。功能课程记忆也需按照功能分析范式对课程功能进行分析。

功能课程的分析范式应按照以上标准进行观察和描述。第一，给参与者有差异的定位。除了关注课程内容和形式本身，还应对课程参与者，例如教师和学生进行区分描述，也应根据年龄、性别等情况对学生群体进行划分，使不同年龄段和不同性别的学生有差异地参与到课程中来，从而更好地对课程进行功能性分析。第二，要注意因现存模式而忽略的问题。在红色文化记忆传承中我们一般采用的都是自上而下的课程模式，即从教育者出发，主观地将记忆传承内容灌输到受教育者的记忆体系中。这种课程模式往往会忽略受教育者的自主性和自发性，从而对课程功能产生影响。第三，赋予课程情感意义和认知意义。人的内心世界发展是从感知经过认知到情感、意志的有序过程。皮埃尔·诺拉把记忆视为当下的、具象的、活着的情感现象，因此记忆本身是有情感的。课程作为承担红色记忆传承的"记忆之场"，赋予其情感意义和认知意义是有必要性的。对参与者群体来说，他们通过课程建构和实施向历史寻找记忆以达到身份认同；对每个个体来说，每个人都有责任去回忆，从归属感中找到身份认同的源头。第四，区分课程设置的目的、动机以及所产生的客观结果。烈士祭扫活动从动机来看是为了纪念和缅怀革命历史，珍惜现有和平生活，这是有意安排的客观后果。但事实上，这种仪式活动的功能和意义远不止这些，除了缅怀烈士的客观结果之外，还起到了立德育人、塑造文化记忆、文化自信

---

①　[美]罗伯特·默顿著，唐少杰等译：《社会理论和社会结构》，译林出版社2008年版，第142页。

和文化认同的功能，这是隐藏在其中的、未认识到的后果。第五，重视与课程功能相联系并能产生影响的其他方面。在红色文化记忆的传承中，教育者不仅应关注课程内容、课程方法以及课程实施等课程自身方面的内容，还应关注师生关系，促进师生之间的良好互动，同时建立和加强家庭、学校乃至社区的三方联动，形成家校交流的常态机制。

三、功能课程记忆的内涵分析

功能课程记忆是以课程功能分析为前提，并在此基础之上融合区域特色历史文化进行建构的文化记忆。功能分析同样是物型课程记忆和仪式课程记忆的理论基础。只有在功能分析的指导下，物型课程记忆和仪式课程记忆才能进行有效开展。对课程进行功能性分析，一方面要遵从课程功能分析的范式，另一方面也需厘清显功能和潜功能的区别。显功能指的是某一具体单元(人、亚群体、社会系统和文化系统)那些有助于其调试并且是有意安排的客观后果，是一种已被认知的主观意向；潜功能指的是同一层次上的无意图的、未认识到的后果，是一种未被群体普遍认知但却能产生客观功能的后果。[①] 对显功能和潜功能做出区分可以较好地弄清主观范畴与客观功能的区别。

(一)显功能和潜功能划分的目的

社会学功能学派代表人物罗伯特·默顿认为，对显功能和潜功能进行划分可以澄清对不合理的社会模式作出的分析。[②] 首先，这种区分有利于对许多社会活动进行社会学的解释。比如在群体行为没有达到其所宣称的目的(即显功能)时，若没有潜功能的概念，那这类行为就会被认定为没有任何意义。如祭祀仪式、祈雨仪式等。这类仪式往往会被归类于"迷信"

---

① ［美］罗伯特·默顿著，唐少杰等译：《社会理论和社会结构》，译林出版社2008年版，第145页。

② ［美］罗伯特·默顿著，唐少杰等译：《社会理论和社会结构》，译林出版社2008年版，第147页。

"非理性"等行为，这种判断往往会掩饰仪式活动在该群体生活中实际作用的分析。有了潜功能的概念，便可以注意到，这类行为对该群体的某些方面是有功能的，如在情感维系和人格养成方面，这些功能只是被隐藏了，没有被功能分析者注意到。对显功能和潜功能进行划分，有助于对社会活动进行全面的功能分析。其次，这种区分可以促使社会学家扩大研究范围和探索领域。显功能的研究主要致力于为了特殊目的设立的活动是否能达到这种目的，有意设立的活动和组织在达到其目标时是否能成功。若只涉及显功能的研究领域，探索领域就会偏事务性，更容易被具体的社会工作内容所引导，更看重设定的表面结果。由于具备了潜功能的概念，便可以把研究扩大到这门学科最有理论发展前途的方向上去。除了设定的表面目标，还能扩大研究范围，研究社会活动的预期后果（显功能）和未预料到的后果（潜功能），将潜在的、未被普遍认识的功能纳入其中。最后，对显功能和潜功能进行划分可以发现未被意料和未被广泛认识的社会后果和心理后果。通常我们都会从显功能的角度去看待某一事物和做法，例如我们会认为教育的直接目的就是传授知识，学生到学校的目的就是学习知识。但实际上，教育活动的背后隐藏着许多未被广泛认知的作用和功能。它在受教育者的价值观塑成、身心发展和人际交往上也发挥着重要功能。有了潜功能的概念，便能对某一事物进行更全面系统的分析，挖掘其未被广泛认知的社会后果。

（二）功能课程记忆的显功能和潜功能

1. 功能课程记忆的显功能

功能课程记忆作为一种重构的文化记忆，同样具有显功能和潜功能。它的显功能体现在希望通过课程来教授知识、传递历史，从而使受教育者铭记历史、珍惜当下，其重点在于知识和历史文化的传授。功能课程记忆中显功能的实现通常体现在学科课程和校本课程的教学上，学科课程通过继承性学习传递既有经验知识，以达到育人的目的。功能课程记忆在这一过程中主要起到主观能动地丰富教学内容、有创造性地完善教学形式、融合学校文化和现有学科课程等作用。校本课程是最能体现学校特色文化、最具有创造性的学校课程，也是最能发挥教育者主观能动性的课程，这一课程形式可以是灵活多样的，既可以通过具体的实物来体现，例如通过教材、图像展览等形式将特定的、抽象的历史文化直观呈现出来，又可以通过实践形式让受教育者置身于真实的历史环境中。学科课程和校本课程的显功能都是希望通过不同的课程形式有选择性地让受教育者了解历史、回顾历史，从而铭记历史。教科书作为"记忆之场"，让受教育者身处其中，感受历史带给他们思想和心灵上的洗礼，这是最直接的、最被认同的功能和作用。正是认识到了功能课程记忆的显功能，诸多学校将学科课程与区域特色红色资源相结合，构建了具有学校特色的功能课程体系，并借助地方课程的开设以及地方红色教材的开发将课程体系逐步推进和完善。设计一个合理的课程和教材会给一个时代的受教育者留下终生难忘的记忆，因此，地方教材开发和地方课程开设在功能课程记忆中发挥极为重要的作用。雨花台区部分学校编写了《雨花英烈读本》、南京晓庄学院出版了《雨花十英烈》，并由雨花区教育局协调推进区域内地方红色教材的编写并设置固定课时。借鉴人民教育出版社教材及课程的设置，雨花台区在地方教材中开发设计出"英英"和"烈烈"两个虚拟人物，根据不同年龄段设置不同的形象和语言，通过教材、微视频、虚拟 VR 等形式进入地方课堂，讲述英烈故事、雨花底蕴等。通过这样的形式，让受教育者了解雨花红色历史文化。除了开发地方教材，部分学校也采取了其他方式去体现功能课程记忆的显功能。如南京市春江第一幼儿园开发了"追忆革命历史，传承红色精神"的生成性红色功能课程，通过身边的红色建筑让幼儿了解历史，并以红色故事、红色歌曲、我心中的红色等三个板块，从语言、社会、健康、美术等领域生成其他各具红色特征的活动，在活动中让幼儿学习红色文化知识。又如南京市小行小学通过设计演出红色德育剧本《雨花台烈士后代讲述革命先烈故事》，让学生设身处地地表演和感受，使学生深刻感受到革命传统的精神内涵和教育魅力，感受红色文化的熏陶，从而更深刻地铭记历史、珍惜当下。类似这样的课程还有很多，可无论课程的形式如何，这些课程最初的设计和出发点都是为了突出课程记忆的显功能，并通过设计开发教科书和活动课程使红色文化更深刻地烙印在受教育者脑海中，真正做到"入脑入心"，从而发挥显功能的最大功效。

2. 功能课程记忆的潜功能

功能课程记忆的潜功能主要体现在课程功能不仅仅局限于教授知识和传承历史，而且希望可以通过仪式活动等课程形式加强受教育者的群体团结和情感认同。潜功能与显功能有明显不同。显功能更多关注到的是事物表面可以达到的客观效果，如通过教科书讲授知识、通过集体活动重温历史等都是希望受教育者能有选择性地了解并记住历史文化，是有意安排的客观结果。而潜功能的概念更关注的是群体自身，关注群体情感表达、群体团结来源以及群体情感认同，这种潜功能体现在功能课程记忆中，意味着功能课程记忆更关注的是受教育者的情感认识和情感认同，并希望教育者能有选择性、能动性地实现这种潜功能。在这一方面，部分学校选择了教育戏剧的方式，开辟"德育剧场"，通过师生共同参与设计剧本、编排戏剧、表演戏剧的方式来关注学生的情感体验和情感认同。德育剧场以问题为导向，以戏剧形式实现立德树人目标，关注师生自身成长和体验，在情感体验中，更加深入地感受红色文化，使学生深刻地感受到革命传统的精神内涵和教育魅力，从而实现群体团结和群体认同感。

除了采用教育戏剧这样一种形式，仪式活动在一定程度上也能加强群体团结这种潜功能。罗伯特·默顿认为，通过提供一个定期的机会，使分散的群体成员集合起来从事某一共同活动，仪式就会实现加强群体团结这种潜功能。[①] 涂尔干等人指出，这样的仪式为集体表达情感提供了一种途径，这些情感是群体团结的一种基本来源。通过系统使用潜功能概念分析明显非理性的行为，时常可以发现它们对群体具有的正面功能。可见，仪式活动作为课程的一种形式，能在过程中实现并加强课程记忆的潜功能。

---

① ［美］罗伯特·默顿著，唐少杰等译：《社会理论和社会结构》，译林出版社2008年版，第148页。

基于这种认识，江苏省南京市雨花台区教育局从区域层面加强了对仪式课程的顶层设计，从政策引领、具体实践等维度，鼓励区域内学校开展形式多元、各具特色的仪式课程。雨花台教育局制定出台了《南京市雨花台区中小学红色教育实施指南》，针对仪式课程指出要"充分利用雨花台烈士陵园等革命纪念地开展革命传统教育"。与此同时，以月份为维度，以具体仪式活动为内核，为各级各类学校仪式课程的构建提供了指导方向和实施策略。雨花台诸多学校根据雨花台教育局出台的红色教育实施指南，也设计开发了一系列颇具地方特色的仪式课程和活动课程。如南京市岱山实验小学设计开发了"不能忘却的纪念——'英雄中队'授旗仪式"这一仪式课程，通过在特殊日子举行具有感染力的少先队仪式，如每周一的升旗仪式、国庆期间举行的"童心敬英雄"烈士纪念日主题活动、每学期开展的红色经典阅读活动、"英雄中队"的授旗仪式等，让少先队员们在有仪式感的活动中实现身份认同和身份归属，从而达到情感共鸣，增强他们对国家和民族的热爱之情。再如南京市板桥中心小学设计了一系列"红色德育"仪式课程，利用校区附近现有的红色资源，通过默哀、祭扫、参观、诗朗诵等方式，改"说教式育德"为"体验式育德"，让学生全身心投入仪式活动。在仪式活动中不仅了解了历史革命知识，而且通过沉浸式体验与革命先烈达到情感共鸣，最终实现身份认同和国家认同。

第二节　功能课程的个案研究：教科书里南京大屠杀的记忆之场

教科书是功能课程发挥作用的重要载体，它可以借助开发者有意识地引导与建构，将需要记忆的内容通过潜移默化的方式渗透进受教育者的记忆之中。因此，在区域功能课程记忆的开发过程中，我们深入研究了南京大屠杀作为国民记忆的形塑过程，尤其是教科书在功能课程记忆构建中的功用，为我们建构区域功能课程提供借鉴。因为作为国家记忆中无法绕开的话题，南京大屠杀总是在各种教育活动中被提及。习近平总书记在2017

年出席南京大屠杀死难者国家公祭仪式后会见了南京大屠杀幸存者代表，强调要"一代一代把记忆传承下去"。那么，作为当代中国文化创伤存在的国家记忆，南京大屠杀如何能够被一代代国人记忆传承下去？它是如何被国民记住的？如何形塑为国家记忆甚至是世界记忆的？

　　长久以来，对于南京大屠杀的集体记忆，多有学者从新闻传媒的视角进行研究，而少有从教科书的视角进行研究。事实上，教科书对于凝聚、传承国家记忆具有重要的价值和意义。法国著名哲学家皮埃尔·诺拉在《记忆之场：法国国民意识的文化社会史》一书中提出"记忆之场"的概念，即"一切在物质或精神层面具有重大意义的统一体，经由人的意志或岁月的力量，这些统一体已经转变为任意共同体的记忆遗产的一个象征性元素"①。诺拉在书中不厌其烦地借《两个孩子的环法之旅》来阐述教科书对国民意识形塑的内在价值，并称其为"功能性"记忆之场，认为其起到了"记忆的塑造和传承的职责"②。从这一角度来说，考察教科书中南京大屠杀是如何形塑记忆和传承记忆就非常有必要了。它既可以纠正网络中关于"教科书中的南京大屠杀"的错误记忆，还可以为今后相关国民记忆的形塑提供借鉴价值。考虑到中华人民共和国成立以来，人民教育出版社出版的历史教科书时间最为长远，体系最为完整，因此本研究主要以人教版历史教科书为中心展开，并兼顾其他版本的历史教科书。

一、奠基期历史教科书中的"南京大屠杀"

　　南京大屠杀最早进入教科书是在抗战胜利之后。1946 年出版的《高级小学历史课本》（四）及 1948 年吕思勉编写的《复兴高级中学教科书本国史》中明确开始出现"南京大屠杀"字样，吕思勉版教科书中还较为详细地阐述

---

① ［法］皮埃尔·诺拉主编，黄艳红等译：《记忆之场：法国国民意识的文化社会史》，南京大学出版社 2015 年版，第 76 页。

② ［法］皮埃尔·诺拉主编，黄艳红等译：《记忆之场：法国国民意识的文化社会史》，南京大学出版社 2015 年版，第 20 页。

了南京大屠杀的基本情况。①

　　中华人民共和国成立之后，出版总署于1950年9月召开全国出版会议，决定全国中小学教科书统一供应，并由出版总署和教育部共同组建人民教育出版社，负责全国教科书的编辑出版工作。考虑到这一时期人手紧缺、时间紧迫，"历史教材除了部分改编老解放区的教材外，还选用了国民党统治区一些历史教材"②。这阶段高中暂用的《中国新民主主义革命史（初稿）》中详尽地讲述了南京大屠杀的经过："南京不战而沦陷，使上百万居民，在日寇入城后遭受了灭绝人性的野蛮屠杀。据后来远东国际法庭对敌酋谷寿夫判决书调查证明：我军民被敌射杀活埋者十九万余人，此外另行屠杀的尸体经收埋者十五万余具，总计我惨死同胞三十多万人！日军在城内以'杀人竞赛'取乐，奸淫妇女少者才九岁，老者到七十六岁，有的奸杀又被剖腹，南京城内哭声震天，真是暗无天日！"③胡华编著的这本教科书"一是作为高中的暂用课本，再是作为一般干部的读本"④，所以较为详尽。与此同时，人教社出版的如《高级小学历史课本》（1950年版）、《中国近代简史》（1953年版）还未对南京大屠杀事件有涉猎。

　　20世纪50年代中期的历史教科书中对南京大屠杀教学内容的涉及明显是偏少的。在1956年人教社出版的《小学历史教学大纲（草案）》中没有提及相关内容，1957年的《高级中学课本·中国历史（第四册）》的教科书中仅仅存留"在南京，日本侵略军对和平居民进行了灭绝人性的烧杀淫掠，一个多月里，被害的和平居民不下三十万人"⑤一句而已。直到1960年，

---

　　①　黄云龙：《中国历史教科书中的"南京大屠杀"》，《中华读书报》2015年9月2日。

　　②　苏寿桐：《中学历史教材三十年》，《课程·教材·教法》1981年第1期。

　　③　胡华编著：《中国新民主主义革命史初稿》，新华书店1950年版，第182~183页。

　　④　课程教材研究所编著：《新中国中小学教材建设史1949—2000研究丛书（历史卷）》，人民教育出版社2010年版，第50页。

　　⑤　刘惠吾等编：《高级中学课本·中国历史（第四册）》，人民教育出版社1957年版，第65页。

人教社出版的《九年一贯制试用课本（全日制）·历史（第三册）》在"国民党军队的大溃退"中才增加了对南京大屠杀的描述，"蒋介石曾声言要死守南京六个月，结果六天就失掉了。南京人民遭受了日寇灭绝人性的烧杀淫掠。禽兽般的日寇在一个多月里，就杀害了我们三十万同胞，强奸妇女约两万多，烧毁了全市房屋的三分之一，抢掠财产不计其数。这是日本侵略者对中国人民所欠下的一笔大血债"①。1963 年，教育部颁布的《全日制中学历史教学大纲（草案）》中首次明确提出了"日本侵略军在南京的大屠杀"教学要求。

从 1950 年胡华版教科书中大篇幅关于南京大屠杀的描述，到 20 世纪 50 年代中期教科书中关于南京大屠杀内容的减少、消失，再到 1960 年南京大屠杀内容的再度出现并增加篇幅，是随着广大国民关于南京大屠杀集体记忆的建构一同变化的。1951 年年初在抗美援朝的背景下，中国政府以美日签订《旧金山对日和平条约》为切入点，在全国范围掀起了抗议美国重新武装日本的浪潮，《人民日报》《新华日报》等媒体开展了全方位的批判运动，广大民众也纷纷走上街头控诉日本侵华暴行。这时候教科书中大篇幅出现南京大屠杀的内容，是与当时的政治、社会情况紧密相连的。但这一抗议活动没有多久就逐步偃旗息鼓，根本原因在于"南京大屠杀作为一段苦难、屈辱的历史，与高歌猛进的革命胜利不合拍，宣传得太多显然不合时宜"②。而 50 年代中期教科书中大幅删去日军在南京强奸、杀害中国人民的内容，仅以"被害的和平居民不下三十万人"带过，这与当时《人民日报》中"只是片面强调敌人的奸淫烧杀，而忽略人民反抗的意志是不对的"，"不但没有达到应有的宣传效果，反而侮辱了中国人民坚强不屈的性格"③的社评有着密切的关系。到了 1960 年，日美两国签订了《日美新安保条

①　北京师范大学历史系普通教育改革小组编：《九年一贯制试用课本（全日制）历史（第三册）》，人民教育出版社 1960 年版，第 111~112 页。

②　刘燕军：《南京大屠杀的历史记忆（1937—1985）》，《抗日战争研究》2009 年第 4 期。

③　《暴露敌人罪行时不要无视人民的力量》，《人民日报》1951 年 4 月 29 日。

约》，中国政府认为这"标志日本军国主义的复活"，"美日反动派互相勾结，准备新的侵略和战争"①，因此，国内再度掀起了大规模的反日反美游行，南京大屠杀再度回到集体记忆之中，与此同时，教科书中也大幅增加了相关内容。

对于这两个节点新闻媒体铺天盖地的宣传形成的关于南京大屠杀的集体记忆而言，教科书对国民记忆的形塑作用在这个阶段还未能发挥重要作用。因中华人民共和国成立后百废待兴，能够有机会入学读书的人数并不多，相较于1949年每万人中中等学校（含中专、中计、中师、普通中学）学生23.8人的数量而言，1959年中等学校学生数虽然达到每万人190.6人，② 但每万人才近两百人的入学数，想借助教科书中的南京大屠杀相关内容教学，让广大民众形成对这一事件的集体记忆，显然是力不能及的。

二、发展期历史教科书中的"南京大屠杀"

"文革"后的一段时间，教科书中关于南京大屠杀的内容还是沿袭了之前教科书的内容。1979年人教社出版的《全日制十年制学校初中课本（试用本）·中国历史（第四册）》、1982年版《初级中学课本·中国历史（第四册）》对于南京大屠杀的描述与1965年版的内容高度类似："日军占领南京以后，展开了疯狂的大屠杀。南京的和平居民，有的被当作练习射击的靶子，有的被当作拼刺刀的对象，有的被浇上煤油烧死，有的被活埋，有的被挖去心肝。在一个多月里，被杀害的不下三十万人，被焚烧的房屋达三分之一。那时候，南京城里，尸骨纵横，瓦砾成山，阴风凄凄，顿成人间地狱。敌人的凶恶残暴，激起了全国人民的无比愤怒。"③1986年，全国中

---

① 《坚决反对日美军事同盟》，《人民日报》1960年1月15日。

② 中华人民共和国教育部编：《1959年全国教育事业统计资料简编》，1960年版，第9页。

③ 中小学通用教材历史编写组编：《全日制十年制学校初中课本（试用本）·中国历史（第四册）》，人民教育出版社1979年版，第51页。

小学教材审定委员会成立，并审定通过了《全日制小学历史教学大纲》和《全日制中学历史教学大纲》，其中，中学历史教学大纲改变以往"国民党战场的大溃退"为"国民党正面战场的抗战"条目，"南京大屠杀"也被归类其中，至此，南京大屠杀开始成为教学大纲中的要点内容。同年出版的《初级中学课本·中国历史（第四册）》开始大幅增加了相关内容，在1982年版本的教学内容上又增加了下关中山码头屠杀、下关草鞋峡屠杀的真实案例，同时用一整页的篇幅配上了"南京大屠杀时日军活埋中国老百姓的情形"图片两张。① 1991年出版的《义务教育三年制/四年制初级中学教科书（实验本）·中国历史（第四册）》进一步扩大了南京大屠杀的篇幅，在第七课"神圣抗战的开始"中专列了南京大屠杀一节，除文字内容与上述大致相同外，另将屠杀案例增加至四例，分别是12月15日汉中门外屠杀3000余人、16日中山码头屠杀5000余人、18日下关草鞋峡屠杀57000余人、12月13日《东京日日新闻》报道的日军杀人比赛新闻，并配以"日军在南京以中国青年作拼刺刀的靶子"、"日军在南京杀人后拭去屠刀上的血迹"图两幅。② 1992年人教社出版的《小学课本·历史（下册）》中第11课即《南京大屠杀》，内容含有幕府山屠杀、日军杀人比赛等案例，还配以日军擦拭屠刀图、南京大屠杀示意图等图示，同时还有课后习题"说说日军在南京的种种暴行"③。这是人教社首次在小学教科书中大篇幅地讲述南京大屠杀问题。1993年人教社出版了《高级中学课本·中国近代现代史下册（必修）》，开始增加了一些更多的佐证，书中引用了当时南京市民史荣禄的证言："日本兵把一批中国人赶到大窝子，叫他们把头一天杀死的尸

① 李隆庚编：《初级中学课本·中国历史（第四册）》，人民教育出版社1986年版，第99页。
② 人民教育出版社历史室编著：《义务教育三年制/四年制初级中学教科书（实验本）·中国历史（第四册）》，人民教育出版社1991年版，第50页。
③ 人民教育出版社历史室编：《小学课本·历史（下册）》，人民教育出版社1992年版，第31~34页。

体丢进大江里，然后又把这些中国人枪杀。我亲眼见到日军这样连续屠杀了三天。"①此后，人教社教科书又增加了日方的证词，在1997年出版的《全日制普通高级中学教科书(试验本)·中国近代现代史(必修)下册》中增加了日本记者在南京的见闻："码头上到处是焦黑的死尸，一个摞一个，堆成了尸山，在尸山间五十到一百个左右的人影在缓缓地移动，把那些尸体拖到江边，投入江中。呻吟声、殷红的血、痉挛的手脚，还有哑剧般的寂静，给我们留下极深刻的印象。"②中日双方证词同时出现在教科书中，让学生在对比过程当中进一步增强对南京大屠杀的惨痛印象，形成鲜明的历史记忆。

历史教科书在20世纪80年代中期开始大幅增加南京大屠杀的教学内容，并配之以更多的图文案例，是与当时的国际国内形势密切相关的。1982年，日本一套多处对史实进行篡改的教科书通过了日本文部省的审定，书中将"侵略"改为"进出"，引发了中韩等国的强烈不满。中国政府认为，这种教科书让"日本人民，特别是年轻的一代忘掉日本侵略中国和其他亚洲太平洋地区国家的历史，把他们再次引上军国主义老路"③。在这一事件的影响下，国内迅速掀起了一场反对日本篡改教科书的抗议活动。与此同时，随着改革开放的深入，对于国民政府在抗日正面战场的功过评定观念也逐步发生改变，因而，肯定国民政府正面战场的抗战，借助南京大屠杀惨案对广大学生进行国耻教育，从而深化爱国主义教育，成为这一时期历史教科书不断增加南京大屠杀内容的最主要影响因素。这一观点已经与50年代"侮辱了中国人民坚强不屈的性格"产生了翻天覆地的变化，并与当时新闻媒体及社会各界的南京大屠杀纪念活动相辅相成，促使南京大

---

①　人民教育出版社历史室编著：《高级中学课本·中国近代现代史下册(必修)》，人民教育出版社1993年版，第33页。

②　人民教育出版社历史室编著：《全日制普通高级中学教科书(试验本)·中国近代现代史(必修)下册》，人民教育出版社1997年版，第49页。

③　《前事不忘，后事之师》，《人民日报》1982年8月15日。

屠杀成为国民记忆中的重要环节。日本学者吉田隆志认为中国"在 90 年代，随着爱国主义教育运动的全面开展，对于南京大屠杀的纪念和再现融入了近代史的宏大叙事"，造成"对南京大屠杀的记忆经历了一个国家化的过程"①。从学校教育的角度来说，这一阶段入校人数开始大幅增加，仅1992 年，初高中毕业生就达到 1328 万人，② 再以 20 世纪 90 年代前五年为例，普通中学(不含中专、中技、中师)的在校生人数从 1990 年的每万人中有 4586 人发展到 1995 年每万人中有 5371 人。③ 大幅增加的学生数也让南京大屠杀事件借助教科书成为国民的集体记忆成为可能。90 年代初教材"初步实现了'一纲多本'和'多纲多本'的局面"④，但无论是北师大版、沿海版、上海版等，都用翔实的篇幅讲述了南京大屠杀的教学内容，让南京大屠杀这一事件开始成为中国受教育民众群体的内化精神创伤式记忆，并开始与当时日趋增多的南京大屠杀"建馆立碑编史"等纪念活动相互交融，逐步演变为一种国民记忆与身份认同。

三、多元期历史教科书中的"南京大屠杀"

随着《全日制历史课程标准(实验稿)》和《普通高中历史课程标准(实验稿)》的相继颁布，南京大屠杀相关教学内容越发受到重视，各版本的教科书都大篇幅增加了相关内容。2001 年人教社出版的《义务教育课程标准实验教科书·中国历史八年级(上册)》中，在原教学内容上首次增加了日军砍杀南京青年、日本把南京青年当做刀靶练习刺杀、日军活埋南京和平居民、日军将赤手空拳的中国青年押往南京郊外集体屠杀、日本杀人比赛

---

① 李红涛、黄顺铭：《记忆的纹理：媒介、创伤与南京大屠杀》，中国人民大学出版社 2017 年版，第 18 页。

② 《1992 年中国教育事业发展统计资料简况》，中国国家教育委员会 1993 年版，第 25 页。

③ 中华人民共和国国家教育委员会计划建设司编：《中国教育事业统计年鉴1995》，人民教育出版社 1996 年版，第 339 页。

④ 课程教材研究所编著：《新中国中小学教材建设史 1949—2000 研究丛书(历史卷)》，人民教育出版社 2010 年版，第 476 页。

等五幅插图，同时还设置了"写给日本中学生的一封信——南京大屠杀不能忘记"的活动课程。① 该教材充分利用了图像的直观教学效果，还调动了学生的主观能动性，给学生探究的深度，有助于南京大屠杀这一教学内容入脑入心，培养学生的爱国主义精神。此后2003年人教社版的《全日制普通高级中学教科书(必修)·中国近代现代史(下册)》以及2006年人教社版的《义务教育课程标准实验教科书·中国历史八年级(上册)》的相关教学内容基本上与此前版本保持相同。2014年人教社版的《义务教育教科书·历史与社会九年级(上册)》改变了以往采用的中、日两方的证词，而是采用了第三方的证言："当时德国驻南京大使馆在给国内的报告中说：'犯罪的不是这个或那个日本人，而是整个皇军。它是一架正在开动的兽性机器。'"②在课后的习题中，本册教科书还增加了东史郎的证词及日本右翼分子篡改教科书的案例，帮助学生借助这些案例进行反思。

在这一时期，各版本的教科书对南京大屠杀事件的教学内容都在大幅增加。北京师范大学出版社的《"新世纪"义务教育课程标准实验教科书·历史(第三册)》将"南京大屠杀"单列条目，并在课后"每课一得"中普及了战争罪的相关知识，还列举了美国医生罗伯特·威尔逊日记中日军屠杀万余人的事实来反驳日本国内右翼分子对南京大屠杀事件的否认。③ 上海教育出版社的《义务教育课程标准实验教科书·历史与社会八年级(下册)》增加了当时日本外相广田弘毅承认南京大屠杀的这一事实，并加配了日军杀人比赛的狂魔野田毅和向井敏明在抗战胜利后被执行死刑的插图。④ 华东师范大学出版社出版的《高级中学课本·高中历史第六分册(试验本)》推荐

---

① 课程教材研究所、历史课程教材研究开发中心编著：《义务教育课程标准实验教科书·中国历史八年级(上册)》，人民教育出版社2001年版，第75~77页。

② 人民教育出版社课程教材研究所、历史与社会课程教材研究开发中心编著：《义务教育教科书·历史与社会九年级上册》，人民教育出版社2014年版，第74页。

③ 朱汉国主编：《"新世纪"义务教育课程标准实验教科书·历史(第三册)》，北京师范大学出版社2007年版，第95页。

④ 韩震主编：《义务教育课程标准实验教科书·历史与社会·八年级(下册)》，上海教育出版社2003年版，第51~52页。

了小野贤二等 19 名日军士兵编写的《南京大屠杀：日军士兵战场日记》，并摘录了《魏特琳日记》中日军在南京强奸、杀人、放火的一段文献。① 此外，四川教育出版社的《义务教育课程标准实验教科书中国历史(八年级上册)》、河北人民出版社的《义务教育课程标准实验教科书历史八年级(上册)》、地质出版社的《义务教育课程标准实验教科书(试用)历史与社会(九年级上册)》等都详尽讲述了南京大屠杀事件，并在课后为学生设置了一系列的探究课题。

2016 年，中央办公厅、国务院办公厅联合印发了《关于加强和改进新形势下大中小学教材建设的意见》，提出要健全国家教材制度，成立国家教材委员会，指导和统筹全国教材工作，审查意识形态属性较强的国家规划教材。在这一背景下，2017 年由教育部组织编写，人教社出版的《义务教育教科书·中国历史八年级(上册)》单列了"南京大屠杀"条目及内容，配以"战火中的南京"等四幅插图及日军杀人比赛等案例，并在课后活动中建议学生以侵华日军南京大屠杀遇难同胞纪念馆的义务讲解员拟一份解说词。②

可以说，多元期以来各版本教科书对南京大屠杀事件的重视达到了一个新的高度，这一过程又与国内国外的形势相互交融。2005 年，联合国教科文组织将 1 月 27 日定为"缅怀大屠杀受难者国际纪念日"；美国在 2011 年宣布将 12 月 7 日定为"美国珍珠港事件纪念日"；日本也分别在广岛和长崎举行"原子弹死难者慰灵暨和平祈念仪式"并将广岛原爆圆顶馆成功申报"世界文化遗产"。在这一背景下，推动南京大屠杀成为国家和民族记忆就显得非常重要了。2014 年 2 月，第十二届全国人大常委会第七次会议表决通过了《全国人民代表大会常务委员会关于设立南京大屠杀死难者国家公祭日的决定》，同年 12 月 13 日，习近平总书记出席了首次公祭仪式并发

---

① 上海市中小学(幼儿园)课程改革委员会编：《高级中学课本·高中历史第六分册(试验本)》，华东师范大学出版社 2009 年版，第 5~6 页。

② 齐世荣主编：《义务教育教科书·中国历史八年级(上册)》，人民教育出版社 2017 年版，第 95 页。

表重要讲话；2015 年 10 月，南京大屠杀档案入选联合国"世界记忆"遗产名录，"标志着南京大屠杀从国家和民族记忆向人类记忆迈出了重要一步"①。在这一情况下，作为奠基性记忆起点的教科书作用就显得非常重要了。特别是进入 21 世纪后，随着义务教育的逐步普及，受教育人数越来越多，众多受教育群体都是从教科书中首次获得关于南京大屠杀内容的相关知识，并伴随公祭等纪念仪式的举行，逐步形成了关于南京大屠杀的国家和民族记忆。也就是说，这一记忆的成型性是"通过文字、图片和礼仪仪式实现"②，最终导向了中国国民集体的身份认同革新和记忆的再造。

四、关于教科书功能课程记忆的反思

忘记历史就意味着背叛。纵观历史教科书中关于南京大屠杀事件教学内容的历史变迁，展现出了一种由政治影响最终走向人性反思的发展之路。从 20 世纪 50 年代的反复到当前的重视，都是基于背后的社会博弈，而作为历史的承载者，教科书成为一代又一代人形塑集体记忆的重要记忆之场，其重要性不言而喻。事实上，"人类的记忆很大程度上受到意识形态、社会结构等多种因素的影响"，"当社会需要某种记忆时，与该记忆有关的'记忆之场'便会有目的、有意识地呈现在公众面前"③。如在早年教科书中，南京大屠杀内容的若隐若现，或是与国民党消极抗战相结合，或是与冷战时期的国际关系及国内政治环境密切相关；90 年代教科书中南京大屠杀内容的增加又与当时爱国主义教育运动密切相关，通过耻化叙事和文化创伤的建构试图回答"历史的创伤则要通过'民族复

---

① 王卫星：《八十年来南京大屠杀的历史记忆》，《南京社会科学》2017 年第 8 期。

② ［德］哈拉尔德·韦尔策编，季斌等译：《社会记忆：历史、回忆、传承》，北京大学出版社 2007 年版，第 5 页。

③ 刘大伟、周洪宇：《教育记忆史：教育史研究的新领域》，《现代大学教育》2018 年第 1 期。

兴'来'一雪前耻'"①；近年来，教科书中关于南京大屠杀的内容又体现出另一种趋势，即对于人性之恶或者救赎的反思，如魏特琳日记中的强奸及屠杀场景的再现，以及东史郎日记中的忏悔与救赎，等等。这一趋势也正如以色列政治哲学家阿维夏伊·玛格利特指出的，"人类应当记住什么呢？简要的回答是：绝对的恶和反人类罪，如奴役、驱逐市民和大规模灭绝等"②。

今后的一段时间，我们将按照《中国教育现代化 2035》的要求，不断"增强教材的思想性、科学性、民族性、时代性、系统性"。从这一角度来说，进一步强化教科书的"记忆之场"价值，借助南京大屠杀事件，以多元化的形式"厚植爱国主义情怀"，是非常有必要的。对此，结合最新部编本历史教科书，我们认为未来还可以在以下三方面进行改进。

一是构建完整全面的记忆之场。作为具有启蒙价值的记忆之场，教科书形塑的南京大屠杀事件并不是完整的。长期以来，我们的教科书更多地关注于屠杀，以至于忽略了日军在南京犯下的性暴力罪行。除去 20 世纪五六十年代的教科书中曾经提及强奸妇女外，其余多个版本教科书中无论是文字内容还是插图内容，几乎不提日军对南京女性犯下的罄竹难书的恶行，仅仅有华东师范大学出版社的"高中历史"中在课后"文献选读"环节中摘录《魏特琳日记》提及了一句"从 12 岁的少女到 60 岁的老妇都被强奸"③。这一忽视性别压迫的记忆并非完整全面的集体记忆。南京大学陈蕴茜认为，"对南京暴行的记忆不是单纯的暴行记忆，而是被强奸、被杀害的双重记忆，不单纯是追究究竟杀害几十万人的问题"④。但这种选择性的

---

① 李红涛、黄顺铭：《记忆的纹理：媒介、创伤与南京大屠杀》，中国人民大学出版社 2017 年版，第 128 页。

② ［以］阿维夏伊·玛格利特著，贺海仁译：《记忆的伦理》，清华大学出版社 2015 年版，第 70 页。

③ 上海市中小学（幼儿园）课程改革委员会编：《高级中学课本·高中历史第六分册（试验本）》，华东师范大学出版社 2009 年版，第 6 页。

④ 转引自金一虹：《揭伤疤 还是好了伤疤忘了痛？》，《中国妇女报》2012 年 12 月 12 日。

遗忘记忆，或许正如金一虹所说，"自己民族的女人被人强奸，是自己民族最难堪的奇耻大辱，是一个不可触碰的话题，从而将妇女遭受性暴力的记忆封闭起来"①。从最新出版的部编本历史教科书来看，也似乎遗忘了战争中的女性。从这一角度来看，我们今后的教科书很有必要将相关内容编写进去，完整全面地呈现日军在南京的暴行，而不是遗忘掉这场战争中受到巨大伤害的女性同胞。

二是构建凸显仪式性的记忆之场。彼得·伯克认为，记忆除了口述、文字的传承以外，仪式这一"传递记忆的行为"也很有价值，因为"这些仪式重新唤起了对过去的记忆，是记忆的行为，但它们也试图把某种解释强加于过去、塑造记忆，从而建构社会认同"②。为增强战争灾难历史的记忆，从2014年起中国政府在南京举行南京大屠杀死难者国家公祭日活动，因为"悼念亡者是一种典型的'对集体起到促进作用'的记忆"③，所以公祭日活动对塑造集体记忆、增强国家认同有着非常重要的作用。站在这一高度来看，未来的历史教科书既可以增加公祭活动的相关知识与图片，还可以活动课形式将纪念仪式在课程中得以体现。如现行部编本教科书的"课后活动"环节，要求学生以纪念馆讲解员身份写一篇关于南京大屠杀的讲解词，我们完全可以在此基础上，在教科书中鼓励学生宣读讲解词的同时开展纪念仪式，通过文字与仪式共同增强学生的相关记忆。这也是保罗·康纳顿认为的，"有关过去的意向和有关过去的记忆知识，是通过(或多或少是仪式性的)操演来传达和维持的"④。

三是构建走向人类命运共同体的记忆之场。长期以来，教科书中的南

---

① 转引自金一虹：《揭伤疤 还是好了伤疤忘了痛？》，《中国妇女报》2012年12月12日。

② [英]彼得·伯克著，丰华琴、刘艳译：《文化史的风景》，北京大学出版社2013年版，第53页。

③ [德]扬·阿斯曼著，金寿福、黄晓晨译：《文化记忆：早期高级文化中的文字、回忆和政治身份》，北京大学出版社2015年版，第58页。

④ [美]保罗·唐纳顿著，纳日碧力戈译：《社会如何记忆》，上海人民出版社2000年版，第40页。

京大屠杀事件一直强调的是耻感教育，这在很长一段的历史时期成为激发民众忧患意识和奋斗精神的源泉。但时代的发展是日新月异的，在今天全球化的时代，我们要培育学生的全球意识和世界公民意识，就要求我们能够超越民族情感，将南京大屠杀事件置于人类命运共同体的格局中考量。2014 年，习近平总书记在南京大屠杀死难者国家公祭仪式上强调，"以史为鉴、面向未来，共同为人类和平作出贡献"①；2017 年，习近平总书记再次出席公祭仪式，仪式上全国政协主席俞正声发表讲话，指出"中国人民愿同世界各国人民一道，推动构建人类命运共同体，始终做世界和平的建设者、全球发展的贡献者、国际秩序的维护者，共同创造人类的美好未来"②。这是事关今后南京大屠杀记忆构建的重要导向。在南京大屠杀名列"世界记忆"遗产名录的今天，我们更要思考如何在这一"世界记忆"中反思人类命运的走向，这正如联合国教科文组织总干事伊琳娜·博科娃所说，"我再次呼吁会员国将大屠杀和其他种族灭绝与反人类罪行的历史纳入其教学计划，以唤醒人民的宽容与和平意识"③。在未来，我们的教科书应该将更多的目光凝聚于宽容与和平，比如将奥斯维辛集中营、广岛原爆纪念馆等内容附于南京大屠杀事件旁，并引导学生去追问：为何会发生战争，为何部分人类会如此残暴。只有这样，我们关于南京大屠杀的记忆才会超越民族，超越仇恨，站在全人类的高度审视人类社会的生存与发展。

第三节 功能课程记忆的雨花路径

对教科书中南京大屠杀相关内容的历史演变进行分析，对我们如何建

---

① 习近平：《在南京大屠杀死难者国家公祭仪式上的讲话》，《人民日报》2014 年 12 月 14 日。

② 《习近平出席南京大屠杀死难者国家公祭仪式》，《人民日报》2017 年 12 月 14 日。

③ 李昕：《构建人类共同记忆：后申遗时代南京大屠杀历史教育的转向与深化》，《学海》2017 年第 6 期。

设好功能课程起到了重要启示意义。结合区域特色，我们认为，功能课程记忆应该是一套在红色文化精神指引下，对课程功能进行分析塑造的基础上开展的，且有利于记忆传承的创造性发挥。雨花红色文化的传承和塑造应在现有具象资源基础之上设计独有的、富有个性化的功能课程。具体来说，学校在办学实践中，应结合区域特色文化资源优势，有选择性、能动性地创设出具有双重功能属性的特色课程，创设过程应重点突出教育者的选择性和主观能动性。

南京市雨花台区作为著名的红色教育基地，拥有丰富的独有的红色基因和资源禀赋，记载着无数革命先烈光辉灿烂的斗争诗篇。2014 年 12 月，习近平总书记在视察江苏时发表重要讲话指出，在雨花台留下姓名的烈士就有 1519 名，他们的事迹展示了共产党人的崇高理想信念、高尚道德情操、为民牺牲的大无畏精神。要用好用活这些丰富的红色资源，使之成为激励人民不断开拓前进的强大精神力量。在多年的探索和实践中，雨花台教育局立足"雨花英烈精神"，重视雨花文化和学校文化的深度融合，在区域固有历史文化的基础上，构建了一套个性化的功能课程记忆，并在此指引下开展了一系列课程实践活动，形成了独具特色的学校路径和区域行动。

一、功能课程记忆下的显功能课程

功能课程记忆作为学校文化和课程文化的重要组成部分，也作为红色文化记忆的创造载体，在具体实践中，关键要在对课程进行功能分析的基础上设计功能课程记忆的顶层设计、实施方案和区域路径，构建一套适合区域红色文化记忆传承的功能课程。因此，雨花台教育系统立足区域红色文化资源，将区域行动与学校实践有效结合，主观能动地筛选符合主流价值、富含红色文化和教育意蕴的文化记忆内容，并以"雨花英烈精神"为切入点，在对课程进行功能分析的基础上，以课程显功能和潜功能为出发点，设计了一套独具特色的功能课程记忆。

雨花台区从课程的显功能出发，设计开发了富有特色的校本课程。校本课程(school-based curriculum)又称为"以学校为本位的课程"，是由实施课程的学校自己决策、自己设计的课程。①校本教材是指为有效实现校本课程目标，由学校根据自身特色的课程资源，以学校教师为主要人员开发的，用于本校教育教学的各种材料。② 校本课程是传承区域特色文化遗产的创造载体，也是功能课程记忆的核心和基础。它的特征之一便是强调自身特色和自身需求，通过调查特定学校和学生群体的需求，制定培养目标、搜集教学资源、编制教材或教学方案、实施该方案并进行自我评价。这一过程是极具主观性和创造性的。因此，雨花台教育局从国家课程、学科融合和校本读物等层面开发和挖掘学科的红色文化内涵，把重点放在更易发挥主观能动性和创造性的校本课程开发上，进一步提升课程教材铸魂育人的价值，从而实现学科育人的课程显功能。区域内学校也通过积极开发校本教材和读物，挖掘区域和学校独有的特色文化，让教材成为独特的记忆之场。雨花台区教育局借鉴了 20 世纪 90 年代人民教育出版社开发的初中英语教材，其中的"李雷"和"韩梅梅"两个虚拟角色从 2005 年开始掀起了"80 后"的集体记忆热潮，在网络上出现了各种回忆文章，涌现出了一系列同名漫画、歌曲以及后来出现了大量微视频和电视剧等。教材编者之一张献臣认为，这套教材让"80 后""自觉或不自觉地回想起那一段充满美好与乐趣、童真与幻想的学习生活，那一段共同的'集体记忆'"③。可见，有选择性、能动性地开发地方教材不仅能让受教育者学习相关的文化知识，更能从深层次引发他们的情感认同和情

---

① 谢利民、郑百伟：《现代教学基础理论》，上海教育出版社 2003 年版，第 89 页。

② 石鸥、吴小鸥：《中国近现代教科书史(下)》，湖南教育出版社 2012 年版，第 538 页。

③ 张献臣：《"李雷韩梅梅"：从教材虚拟人物到 80 后集体记忆》，《中华读书报》2012 年 12 月 12 日。

感共鸣，让他们产生集体归属感和认同感。借鉴于此，雨花台区在地方教材中开发设计出"英英"和"烈烈"两个虚拟人物，通过"英英"和"烈烈"讲述英烈故事、雨花底蕴的方式，把枯燥乏味的历史文化知识生动形象地向受教育者展示出来。（见图4-1~图4-7）同时，为了让不同年龄段的受教育者更好地理解和接受，雨花台教育局根据不同年龄段设置了不同的形象和语言，通过差异化教育让受教育者学习和了解更多的红色文化知识，从而实现学科育人的目的；除此之外，雨花台区实验小学也积极强调"课程校本化"的红色教育模式，并结合雨花红色文化，以"红色教育"为培养目标，编写了富有学校特色的系列校本读物，如《学英雄　争做二十一世纪主人》《星光灿烂雨花台》《实小德育活动指南》等，并结合多种形式的综合实践活动，构建了"家国情怀"的红色教育体系。雨花台高中将红色文化与学校生活德育相融合，设计了雨花革命教育课程，并开发了校本教材《红色雨花校园读本》，内容包括雨花英烈的人物品格、英雄事迹、家属、诗歌等，以此来塑造学生的人性魂、民族魂、红色魂，实现红色文化传承。（见图4-8~图4-10）

图 4-1　校本教材《英英烈烈讲故事》

图 4-2 《英英烈烈讲故事》(低年级版)目录

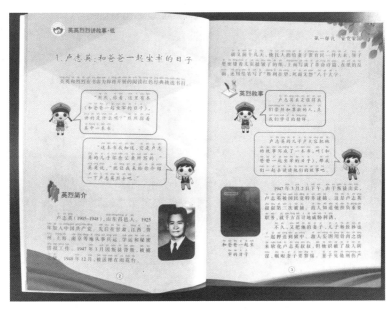

图 4-3 《英英烈烈讲故事》(低年级版)内页

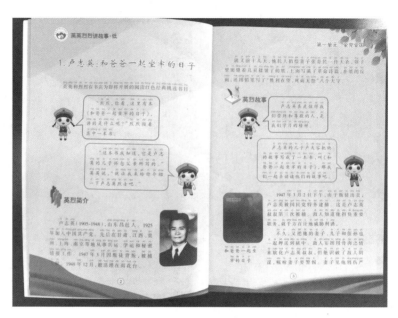

图 4-4 《英英烈烈讲故事》(中年级版)目录

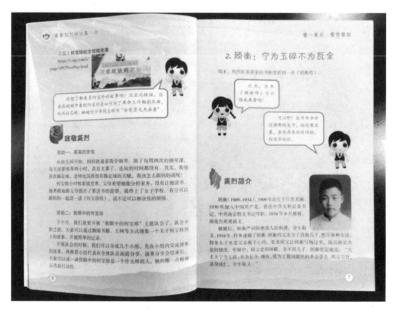

图 4-5 《英英烈烈讲故事》(中年级版)内页

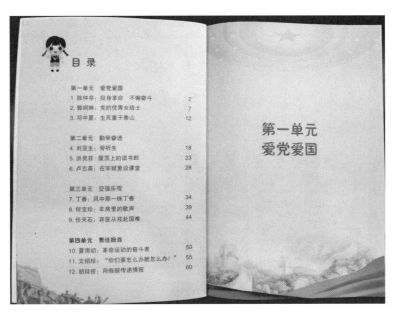

图 4-6 《英英烈烈讲故事》(高年级版)目录

图 4-7 《英英烈烈讲故事》(高年级版)内页

图 4-8　校本教材《让德性在生命中成长》

图 4-9　校本教材《学英雄 争做二十一世纪主人》

图4-10　校本系列教材《星光灿烂雨花台》

　　教材对学生的作用是非常明显的，也是最起作用的。通过学习，雨花台实验小学低年级的孩子们逐步对红色教育形成了初步的印象，起到了积极的教育作用。学生们纷纷写读后感展示自己的学习收获。

读《英英烈烈讲故事》有感

二(14)班　吉宇辰

　　最近我读了一本关于革命烈士的书——《英英烈烈讲故事》，在这本书里我认识了被毛主席夸赞"功不可没"的卢志英，拒绝同志冒险劫狱营救的孙津川，宁死也不受威胁的刘亚生，"愿将赤血流"的吕惠生，任敌人怎么严刑拷打都不吐露半个字的袁咨桐等烈士。他们为革命事业出生入死、百折不挠的精神令我十分感动。

　　让我最感动、最敬佩的是邓中夏前辈，他被捕以后以坚定的信念和顽强的意志，顶住了敌人金钱的利诱，即使被打得浑身是伤，疼痛难忍，也依然没有让敌人知道一丝一毫关于共产党的信息。甚至在刑场上也没有丝毫退缩，大喊着"中国共产党万岁！"英勇就义。他的妻子也是一位英雄，自己被捕以后为了不让敌人知道邓中夏的踪迹，一度拒绝任何探监者。他们这种"舍小家，为大家"的精神深深地印在了我的脑海里。

书中的这些革命烈士都牺牲在我们雨花台，我要跟爸爸妈妈一起去烈士陵园给他们献上一束花！我们现在和平美好的幸福生活都是许许多多革命烈士用鲜血换来的，我觉得我们小学生应该在这个美好的环境中勤奋读书，努力学习更多的文化知识，传承革命先辈坚定不移的意志，学习他们舍己为人的精神，长大后能够回报祖国，做一个对祖国有贡献的人！

读《英英烈烈讲故事》有感

二(12)班　陈韵文

我读了一本特别好看的书——《英英烈烈讲故事》，书中通过引人入胜的英烈故事，让我们感受到革命先辈爱党爱国、勤学奋进、坚强乐观的精神。

虽然12位英烈的经历各不相同，但我通过反复阅读，发现了以下相似点：

1. 他们大多牺牲在南京市雨花台；

2. 他们大多很年轻(最小的才16岁)；

3. 他们都接受了良好的教育；

4. 他们都对自己要求严格，有明确的理想和坚定的信念，并为之而努力。

从而我想到，要做一个对社会、对国家有贡献的人，首先就要好好学习，具备相应的能力，才能在国家需要我们的地方发挥作用。

很快就要到清明节了，我一定会和小伙伴们去雨花台看望这些革命先烈，为他们送上鲜花。我们要牢记习爷爷的嘱托，学党史、强信念、跟党走，以英雄和革命先辈为榜样，从小树立远大理想，刻苦学习，努力成长为理想坚定、意志顽强、体魄健壮、本领过硬的人，为实现中华民族伟大复兴的中国梦贡献力量。

中年级学生通过教材学习已经更加感悟到和平的来之不易，感觉到革命的艰辛，所以通过教材的学习，他们的感悟也更加深透更有情感，甚至有些孩子与当下的抗疫相结合，上升到了信仰的高度，这也完全超出了当初阅读教学时的设想，展现了当代少年儿童为祖国自豪的浓厚爱国热情。

信仰的力量

四(5)班　陈钰博

"信仰是一盏指路明灯，照亮共产党人前行方向；信仰是一团燃烧火焰，激励奋斗者发愤图强。"合上《英英烈烈讲故事》这本书，这首《信仰》的旋律一直在我耳边环绕。

漫步在学校的文化长廊，看着墙上一张张英烈的遗像，回忆着书中一个个英雄人物的故事。为了革命事业与三个孩子骨肉分离的母亲何宝珍；学贯中西的革命人许包野；炼狱磨难志更坚的高文华；敢于担当为人民的罗登贤……

这些英雄人物是我国无数英烈的代表，为了心中的信念，他们不惜在敌人的狱中忍受各种酷刑而严守党的机密；为了人生的理想，他们不惜献出自己的生命来捍卫祖国的大好河山。到底是什么样的力量能够支撑他们如此坚定？到底是什么样的信仰能够让他们抛头颅洒热血？

我抬头望向徐老师，她擦擦额头的汗珠，握住我的手："孩子啊，这就是信仰的力量。"我的脑海中闪过一阵阵画面：有黑白的，那是战争年代牺牲在雨花台的烈士们的身影；有彩色的，那是和平时期抗

"疫"勇士为我们筑起的城墙；有模糊的，那是无数我叫得上或是叫不上名字的叔叔阿姨建设祖国的背影；有清晰的，那是每天在我们身边为我们付出的老师眼角的细纹……

是的，这就是信仰的力量！生活在幸福中的我们更应该牢记这份信仰，抓紧这股力量，积蓄我们的能量，许祖国更辉煌的未来。一个有希望的民族不能没有英雄，一个有前途的国家不能没有先锋，可以是你，可以是我，可以是每一位了不起的我们！

读《英英烈烈讲故事—顾衡》有感

三(13)班 葛颖然

今天，我和妈妈一起阅读了《英英烈烈讲故事》这本书，其中顾衡前辈的英勇事迹深深触动了我——宁为玉碎，不为瓦全。

通过书中的一字一句，我知道了他的生平，了解了他的信念。他出生在江苏无锡，天资聪颖，满腹才华，然而，为了寻求救国救民的道路，积极投身革命事业。1934年8月顾衡被捕，敌人的一切威胁利诱、严刑拷打，都没有摧垮他的革命意志，他从容不迫地说："大丈夫宁为玉碎，不为瓦全。此时此刻，我已抱定宗旨，舍生取义。"

我仿佛看到了他那消瘦而挺直的身躯，感受到了他对革命坚定的眼神。即使顾衡前辈的双手早已被"碱水"弄得面目全非，却把他革命救国的坚心洗涤得越发闪亮。我的脑海中不断出现那如枯树皮般的双手和顾衡父亲眼中"心疼"的泪花，都承载了革命青年无悔的选择，他们烙印着中国共产党人的初心使命——坚定信仰，对党忠诚。

一位昔日饱读诗书的先进青年，脱胎换骨成为英勇的革命战士，他钢铁般的意志是我们现代学生学习的优秀榜样，他做过的每件事就像一颗颗璀璨夺目的明星，永远闪耀在历史的长河中。我想对现在和未来的自己说，我们要牢牢记住祖国现在的和平都是烈士抛头颅洒热血换来的！作为和平年代下的小学生，我们要学习和继承顾衡烈士舍己为人、牺牲自己永保祖国、面对敌人诱惑绝不动摇的精神，坚定前行；我们要好好学习天天向上，坚定信仰，像顾衡前辈一样，成为一只萤火虫，发自己的一分热，散发自己的一道光，用坚定照亮未来的路，用实际行动为祖国的繁荣昌盛出一份属于自己的力量！

高年级孩子的价值观和世界观正在逐步完善的过程中，当这些红色教育故事与他们相融之后，他们的感悟相当深厚且有情感。他们的这些感悟又与国家建设的未来趋同，让我们感觉到这样的一种教育形式效果与方式俱佳。

热血芳华　无悔誓言
——读《英英烈烈讲故事》有感
五（10）班　钱毓纾

七岁那年，在绍兴古轩亭口，我认识了就义前挥笔写下"秋风秋雨愁煞人"的鉴湖女侠秋瑾烈士；八岁暑假，我在重庆歌乐山、渣滓洞女牢一室的门口见到了一个熟悉的名字——江竹筠，还有那面特别的"五星红旗"。九岁时，我来到长沙板仓杨开慧烈士的故居，第一次认识了毛爷爷笔下的"骄杨"。今天，当我有幸读到这本《英英烈烈讲故事》，让我了解到更多雨花英烈的感人故事，更加深刻体会到信仰的力量。

高年级版《英英烈烈讲故事》一共记录了 12 名烈士的生平事迹。他们爱党爱国、勤学奋进、意志坚定。让我印象最深刻的是三名女烈士。第一位是郭纲琳烈士，她本是句容大户人家的"郭四小姐"，本可以过上衣食无忧的优渥生活，但她仍然选择了"革命"二字。入狱后，她将两枚铜元磨成两颗铜芯，用针镌刻上"永是勇士"的字样，以表达对党的忠诚。临刑前，她一路高唱国际歌，大笑一阵后说："你们一定会被消灭，中国人民的革命一定要胜利！"用短暂的一生践行了一名共产党员的誓言。

每年的春末夏初，很多前来瞻仰、祭扫的人们在雨花台景区的丁香路上，都能闻到丁香花的幽香，这馨香穿越时空、经年不散。那葱翠蕤葳的枝蔓，如泣如诉地道出阿乐与丁香两位爱国青年在那个倥偬岁月中的不离不弃，坚贞的情感化作一株美丽的丁香树。这株丁香栽于丁香烈士就义五十周年，是她的丈夫阿乐与他的女儿亲手种下。柔弱的她，在临刑前，表现的是一位革命者的坚贞与忠诚。

第三位烈士是何宝珍烈士。她是刘少奇爷爷的革命伴侣。1933年，她被捕入狱。即使在受尽酷刑拷打后，她仍以乐观、机智，开展狱中斗争，她用唱歌这一特殊的方式，从精神上鼓舞难友们的斗志。她高尚的人格与顽强的意志，影响着身边每一个难友。

读到这里，泪水不知什么时候出现在我的眼角，内忧外患之下，英烈们将救国救民之大任铭记于心，将生死置之度外，为的就是打碎一个旧世界、缔造一个新中国，实现中华民族的伟大复兴。

去年6月，我光荣地成为雨花台烈士纪念馆的一名红领巾讲解员，我感受到自己肩上的责任，生动讲述英烈事迹，让自己在学习、生活中变得更自信、更乐观、不怕苦、不畏难，这也是一个雨花实小学生继承先烈遗志的承诺，亦是赓续红色血脉的担当。今天，当我在新闻中看到叙利亚、乌克兰无数平民颠沛流离、缺吃少穿，我更能感受生长在红旗下的幸运，更加珍惜这来之不易的安宁。

此刻，我想对先烈们说，你们，离我很近，美丽的学校毗邻你们长眠的地方，每一个雨花实小的少先队员们都不会忘记你们的故事，我们会加倍努力，守护你们洒下热血的土地；你们戴着脚镣走过的那条路上，已开满鲜花……那是世上最美的花，那是你们用芳华浇灌的最美的花……

卢志英：在牢狱里设课堂

——读卢志英烈士事迹有感

五（12）班 许欣然

今天，我怀着无比崇敬的心情，阅读了雨花英烈卢志英的故事。卢志英自小立志救国，勤奋求学，即使身陷囹圄，也不忘教育儿子学知识、长本领，铸就了烈士的铁骨与柔情。

卢志英是一位谍海英雄。他，长期潜伏在敌人的心脏部位，把情报传递到党中央。他也是一个关心孩子的普通父亲，敌人将他的儿子一起投入狱中，企图软化他，但他依然宁死不屈。在恶劣艰苦的牢狱环境中，卢志英一边与反动派做斗争，一边自任教师，每天教儿子卢大容英文、算术，检查他的功课。当时小小年纪的卢大容不明白爸爸为什么要这么做，卢志英告诉他："将来的世界是孩子们的，不学好本领可不行啊！只有学好本领，才能为人民做更多的事。好好学习，做好为国效力的准备，是每一个中国人的责任。"读到这里，我豁然开朗。我想到自己在学习历史的时候，常常会对那些为国捐躯的烈士们肃然起敬，被他们身上那浓浓的爱国情怀深深打动。可是，我有时也会想："现在是和平年代，我们该如何报效祖国呢？"通过卢志英烈士的话，我明白了，我们现在的"武器"就是知识，只有好好学习才能报效祖国。珍惜现在衣食无忧的和平年代，想到自己平时，我总认为学习只是自己的事，学好学坏与他人无关，稍微多写点作业，我就抱怨，觉得自己又累又苦，现在想来，我的这个想法实在是太狭隘了，和狱中的卢志英烈士比起来，我这点苦又算得了什么。

"常留肝胆照青史"，这是卢志英在狱中写下的诗句，也是他革命生涯的写照。现在的中国，日新月异，航空航天科技走在世界前沿，2022北京冬奥会成功举办，传统文化走向世界。作为新时代的少先队员，我深深感到，不论今后做什么，都要把个人的奋斗志向同国家的前途命运紧紧联系在一起，把个人今天的成长进步同祖国明天的繁荣昌盛紧紧联系在一起，牢固树立起振兴中华的雄心壮志，立志为民族争光，为祖国争光。时刻准备着，实现中华民族复兴的伟大梦想。

除了开发颇具独特性和创造性的校本教程以外，在课程的显功能方面，雨花台还积极将红色文化渗透进学科课程中。学科课程是传承人类文化遗产、学习系统文化的主要载体，对文化保存、传承和发展具有重要的作用。学科课程主要的学习方式是继承性学习，通过教师以定论的方式讲授教材，来接受文化科学知识，[①] 从而达到文化传承和记忆传承的目的。这种继承性的学习方式在一定程度上决定了教育者难以在教育内容上发挥主观能动性和创造性，教育者讲授和传递的教育内容是恒定的，且经过一代代经验积累的已被验证过的系统知识。但从记忆主体的角度而言，"记忆的二次诞生本质上就是一个语言符号的建构和叙事过程——记忆必须以被记忆的方式展现出来——这两者之间天然地存在一种互文共证的关系"[②]。从此意义上来说，记忆具有一定的可重构性。学科课程采用的继承性学习方式本质上就是记忆传承的一个过程，是可以在一定程度上融合教育者的主观能动性和创造力，丰富学科课程的教育内容和方式，从而更好地达到立德树人的目的。功能课程记忆正是认识到了学科课程在育人方面的显功能，力求在不断丰富学科课程体系和内容的同时，创造性地发挥教育者的主观能动价值，同时传承红色文化精神，以实现课程育人的显功能。基于此，雨花台区雨花台中学立足学科教学，进行了历史、政治、语文等学科课程渗透，通过创造性地改革学科教学，开设学科选修课程，将雨花红色文化与学科课程渗透和融合，构建了一套赤子丹心课程体系。以历史教学为例，在以往历史教学的基础之上，雨花台中学将中国优秀传统文化和党史、国史以及改革开放史等教学内容融入其中，并设置了"增强文化自信、制度自信、道路自信、理论自信，塑造学生人性魂、民族魂、红色魂"的课程目标。

---

① 杨培禾主编：《综合实践活动课程论》，首都师范大学出版社 2019 年版，第 8 页。

② 赵静蓉：《文化记忆与身份认同》，三联书店 2015 年版，第 43 页。

同时开设马克思主义发展史、中国哲学思想、西方哲学发展史等选修课程，使学生形成正确的价值观念，并结合雨花台区及雨中特色的校本资源，培育雨中学子"两高一大"的革命精神和勇敢、仁爱的品质。

二、功能课程记忆下的潜功能课程

除了通过开发校本课程融入学科课程这一途径，让教材成为真正的功能记忆之场以外，教育戏剧也是另一类有代表性的功能记忆之场。教育戏剧不同于学科课程那样带有明显的育人功能，它通过撰写剧本，编排戏剧的方式重现历史文化场景，使之成为学校的特色和标志，从而使学生形成一种对学校历史和文化的身份认同感。当前国外对于教育戏剧的概念界定均有狭义和整合两种取向。狭义的概念只关注过程，认为教育戏剧只是一种课堂教学方法和教学媒介，如杰拉尔丁·希克斯（Geraldine Siks）认为，教育戏剧是以戏剧和进步主义为基础，以儿童的个性发展为目的的教育过程。[1] 1999 年艾丽卡首次在文中提出应用"Educational Drama"来整合"Drama in Education"和"Theatre in Education"两个概念，认为教育戏剧既包括过程也包括结果，[2] 提出了整合取向的教育戏剧概念。国内对教育戏剧概念的界定与国际上大体保持一致，存在将教育戏剧狭义理解为戏剧教学法和教育戏剧整合概念两种取向。杭州师范大学的黄爱华教授认为，教育戏剧只是一种在学校"学科教学中渗透戏剧教育的方法"[3]，这种把教育戏剧单纯看作一种学科教学方法的观点明显是狭隘的。2014 年徐俊在大戏剧观与大教育观交汇的视域下提出，教育戏剧是通过想象与扮演的方式有意识地再现并传递善的人类经验的社会活动，[4] 并于 2017 年在此基础上基

---

① 付钰：《中小学教育戏剧的理论与实践研究》，中国戏剧出版社 2020 年版，第 75 页。

② 付钰：《中小学教育戏剧的理论与实践研究》，中国戏剧出版社 2020 年版，第 75 页。

③ 黄爱华、徐大军、陈漪：《中小学戏剧教育的三种实践模式》，《杭州师范大学学报》2009 年第 5 期。

④ 徐俊：《教育戏剧的定义："教育戏剧学"的概念基石》，《湖南师范大学教育科学学报》2014 年第 6 期。

于"目的—手段"图式提出了教育戏剧是基于教育手段的戏剧，[①] 从而使教育戏剧的概念走向整合和统一。由此可以看出，整合取向的教育戏剧概念研究是未来教育戏剧研究的发展趋势。因此，从内涵的角度来看，教育戏剧是指在普通中小学中由具备戏剧素养的教师面向全体学生开展的，以学科知识和社会认知为主要内容的一种培养全面发展的个体的教育方式。[②] 由其内涵发展可以看出，教育戏剧通过编写、想象和扮演的方式有意识地传递文化，重构、再现历史史实，以达到学校历史和文化的身份认同。在这一过程中，教育戏剧就充当了记忆之场的功能。

雨花台区各个学校充分发挥教育戏剧的潜功能，结合雨花台悠久的历史文化，积极打造具有学校特色的话剧品牌，使教育话剧真正成为文化记忆的记忆之场，达到身份认同、国家认同、民族认同的潜功能。如南京市共青团路中学由校长牵头，邀请著名编剧撰写广播剧剧本《雨花少年》，后又由话剧团老师修改为话剧剧本，在全校范围内征集小演员，并聘请表演系优秀学生负责指导排演话剧《雨花少年》。剧本通过选取雨花英烈的典型事例——雨花英烈中年龄最小的袁咨桐烈士的故事，使学生们从中领悟和学习同龄人追求共产主义理想事业的必胜信念和为共产主义信仰献身的坚定决心。又如南京市小行小学通过设计《雨花台烈士后代讲述革命先烈故事》《小萝卜头的故事》《革命烈士毛福轩》（见图 4-11～图 4-13）等剧本，利用红色德育剧本，充分发挥雨花革命区的优势，以红色德育文化传承优秀革命文化，以红色德育文化培养具有社会主义核心价值观的小公民，以红色德育文化梳理正确的人生观、价值观，让学生真正在情感体验中达到共鸣。同时，师生在剧本创作中，在角色扮演中，在排练演习中，在情感体验中，更加深入地感受到了红色文化，在教育戏剧这一记忆之场中真正获得学校历史和文化的身份认同。除了设计教育剧本，小行小学还开展了

---

① 徐俊：《关于教育戏剧的词语、定义与划分的再思考》，《基础教育》2017 年第 6 期。

② 付钰：《中小学教育戏剧的理论与实践研究》，中国戏剧出版社 2020 年版，第 79 页。

图 4-11　《雨花台烈士后代讲述革命先烈故事》表演现场

"德育剧场润童心"的活动，以传承红色文化为主题，通过队员们的视角，自编自演英烈或时代英雄的故事，将德育剧场的优秀剧目进行全校公演。同时开展"德育剧场"年级比赛活动，让各班级围绕红色主题进行剧本创作，并进行儿童剧的排练。在这一过程中让学生全员参与，深刻领会英雄品质，切实推进社会主义核心价值观入脑入心。

　　雨花台中学一直把红色教育作为学校的教育课程特色，并充分发挥功能课程记忆的潜功能，重视教育戏剧潜在的红色育人作用。雨花台中学与南京市话剧团签约《雨花台》(校园版)的课程开发，并在南京话剧团老师的指导下，经历了 300 多个日夜、数百次的线下线上排练，于 2021 年 7 月 10 日顺利完成了《雨花台》剧本的全国公演。雨花台中学话剧《雨花台》以舞台艺术的形式，围绕雨花英烈的真实故事，讲述了恽代英等雨花台就义烈士们为了信仰，在面临生死抉择时，体现出来的信仰力量和人性光辉，集中体现了雨花英烈们的崇高理想信念、高尚道德情操和为民牺牲的大无畏精神。(见图 4-12~图 4-15)

图 4-12　雨花台中学与南京话剧团签约现场

图 4-13　话剧《雨花台》校园版海选

图 4-14　日常话剧社排练

图 4-15　话剧《雨花台》公演照片

除了传承红色基因，体验革命精神，教育戏剧其实也是一次自我教育的过程。演员们一旦融入角色之后，就慢慢体会到什么是真正的信仰，体会到那个年代共产党人的崇高精神。演员们在排练中将学习历史与了解现实结合，主动探索共产党人的初心和使命，从而承担起新时代赋予青年一代的光荣使命，以下列举部分雨花台中学话剧《雨花台》学生的参演感受：

起初因为台词，我的压力较大，还有畏难情绪，但在一年的排练过程中，我越来越体会到恽代英的个人魅力与高贵的精神品质，我逐渐建立想要把他演好的决心与信心。一开始在我眼中，恽代英的身份可能仅仅是位出现在历史书上的早期共产党领导人，慢慢地，这个宁愿坐牢都不愿用化名出狱的男人打动了我。作为恽代英的扮演者，戏中的我，曾经的他，铁血刚强、严厉正直，他所具有的品质深深感染着我。我想，正因为如此，我更要学习他，在这个和平的年代，我可以将这种毅力巧用于学习与遇到困境时，一切都会迎刃而解，能像恽代英先生在上雨花台时的那般从容不迫。

——恽代英扮演者　雨花台中学高二(3)班　卞子文

参加话剧社排练到今天已经一年多了，从最开始刚加入戏剧社的兴奋，到后来台词拿不下来的悲痛，再到后来兼顾学习和话剧的乏力，直到最后穿上服装拿起道具站在舞台上的那种紧张，和回到原点的兴奋。我要感谢学校能给我们这个机会，投入了大量的经费，让我们获得了最好的资源。在专业的环境中，我们得以真真切切地投入话剧和自己的角色。通过表演，我触摸到了那个我本一无所知的世界，让我了解到了这个为了更多人的幸福做出牺牲的人。相信，这就是信仰的力量！

——冷少农扮演者　雨花台中学高二(2)班　陈飞宇

加入话剧社后，我学到了很多。首先我学到的是演员的基本素养，作为一个演员要对舞台有敬仰，对观众尊重，给自己的搭档帮衬；接着我学到了坚持，一年多的排练是一段不短的时间，动作台词一遍又一遍反复研究，其实是有些枯燥的，但好在我坚持下来了；后来当我真情实感代入角色时，我感受到"信仰的力量"。话剧社是讲好中国故事的一节好课，它让我从生活中亲身体会到了他们的伟大，这样一份伟大不是书本上的几行文字就可以带过的，这样的伟大是深深刻在骨里肺里的。可以说话剧社对我影响深远，我会将这份力量继承并传递下去，努力为祖国贡献自己的光和热！

——郭凤韶扮演者　雨花台中学高二(8)班　王玥

当我演绎她时，我也真切地体会到她当时的想法。这比仅仅查阅烈士的生平资料要来得心痛得多。实际上，烈士们也有家庭，也会害怕，会通过外物消磨恐惧(郭纲琳)，会想要谈一场简简单单的恋爱(曹顺标)，会在临刑前悔恨自己没有珍惜时间(郭凤韶)……但他们都是为后人创造美好生活的英雄。这一年多的排练时光，给我留下了许多美好的回忆，感谢我的时光中，会有这样奇妙的令人难忘的经历。

——郭纲琳扮演者　雨花台中学高二(9)班　黄颖然

在我的印象里，英烈们拥有大无畏的精神、坚定的信仰，不惧牺牲，仿佛一个个是钢铁铸就一般。但经过接近一年的排练，我对人物有了更深层次的了解。顾衡，一个人拎着枪就敢去刺杀蒋介石的硬汉。我起初根本不知道如何去体现人物，排练的过程中，我也想过放弃。但老师专业的指导以及同学们对我的鼓励，我坚持了下去。到了现在公演的时候，我觉得不是自己在表演，而是英烈们的精神指引着我去向后来的人展现真正的早期共产党人。

——顾衡扮演者　雨花台中学高二(11)班　王浩天

虽然我饰演的是反派王振南，但我可以从台词中感受到他对刑讯的失望和对共产党人们的无奈——最终，牺牲的是他们，胜利的也是他们。我尝试着带着一种对共产党的敬畏饰演这个角色，结果颇有成效。长时间的排练使我与同伴之间建立了无言的默契，同时也结下了深厚的友谊。我相信，一年多的辛苦排练终将换来绚丽的花朵。感谢学校能给我们这样一个难得的机会，我希望以后还能有机会参加话剧演出，并尝试更多的角色。

——王振南扮演者　雨花台中学高二(7)班　陆开元

作为唯一一个替补上场的演员，挺没自信的。于是我几乎每周都会看一遍原版视频，在家和父母拿着台词对戏。因为演的国民党，所以一开始并没有感觉到烈士们的悲壮，而是觉得自己把他们杀了，是完成了角色的使命。久而久之在排练中，我才真正体会到烈士们的勇敢与顽强。我开始敬佩这些烈士，甚至到最后有点不忍心说出我那凶残的台词。作为中国新青年，一年的排练以来，我学到了只有坚持不懈的努力才能获得他人和自己的认可，也让我更深刻地感受到了革命英烈高尚的品质，真的应向他们学习。也正如词中所说：共产党人比我们唯一多的，就是他们每个人身上的牺牲精神，因为他们从来不是为了自己。

——谷正伦扮演者　雨花台中学高二(4)班　翟佳羽

参演的学生们全身心融入角色，在演绎和传播中感悟着共产党人信仰的力量。观演的雨中学子们也纷纷被感人肺腑的故事吸引，被扣人心弦的情节打动，被剧中人物所展现的精神品质折服，从而在润物细无声中树立了崇高远大的理想，将个人的追求同国家、民族发展炙热相融。

信仰的力量
——《雨花台》观后感

当幽闭昏暗的牢房成为距离最近的战场，当一位位时代的青年在黑暗中畅谈理想，是雨花台承接了他们的步伐与理想。

两个小时的演出，三个主场景，《雨花台》赋予了雨花英烈们又一次鲜活的生命。

在国民党的牢狱中，最小的一位才 16 岁，但英雄不以年龄为标准，他们有着少年的青春与活力，也有拒绝写悔过书的勇敢与果断。在如此昏暗的环境中，最小的袁咨桐也曾害怕过，他害怕皮肉之苦，害怕自己熬不住说出秘密，在如此的花样年纪，却要忍受长期与家人分离的痛苦，但最终他还是选择了相信信仰的力量，他知道自己做出了心中最正确的选择。

袁咨桐、石浦、郭凤韶、曹顺标等很多都是我们的同龄人，生死抉择的关头，他们慷慨激昂，用热血谱写壮歌，留下人生绝唱。隔着百年时空，今天的我们，依旧能感受到信仰带给他们的力量。

在《雨花台》中还有很多典型的人物，比如品酒的施滉和许包野，他们装傻充愣，混淆"保尔"的含义，凭借高智商的头脑，二人默契地与敌人周旋。还有潜入国民党的地下工作者冷少农，他在给母亲的信中说："'革命'这样的事情是一件最大而又最复杂的事情，我要这样干，非得把全身的力量贯注着，非得把生命贡献。"终于，他以生命实践了自己的诺言。最后也少不了重要人物——恽代英。他是铁血刚强、严厉正直的代名词。面对严刑拷打，即使是再沉重的铁链，也拖不住他那颗向往光明的心。恽代英在狱中的最后时刻，还写下了"浪迹江湖忆旧游，故人生死各千秋。已摈忧患寻常事，留得豪情作楚囚"的豪迈诗篇。他是中国青年热爱的领袖，是吾辈楷模……

当《国际歌》响彻礼堂，所有的英雄们带着自己的信仰走向烈火，这是他们对生命最后的敬畏，也表达了对中国共产党胜利的无比决心。国不可以不救。他人不去救，则唯靠我自己；他人不能救，则唯靠我自己；他人不下真心救，则唯靠我自己！

今天我们的幸福少不了每一个前辈的努力，铭记历史，永葆一颗积极向上的心，弘扬昂扬进取的奋斗精神，也是我们表达对他们尊重的最好方式。

雨花台中学高二(4)班 戚永媛

铮骨销寒
——观《雨花台》有感

拂动烈火的风将斑驳的伤痛撕落，拨动历史的琴弦闪耀着灼热又坚定的光芒，置身于黑暗中的我们紧紧注视着舞台上的一切，鲜明的画面用浓淡各异的笔墨将我拉入这一场慷慨悲歌中，镂刻出浩瀚千秋中的淋漓热血。

当"保尔"的名字被数次提起，当共产党人每一次不经意的眼神交流和肃穆神情被展现时，仿佛有一种深沉的呐喊无声地响起，萦绕在紧张的气氛里，融入脚下这片承载着真实和牺牲的土地中。

舞台的钟声敲起，失落的剪影是共产党员踏入黑屋，现实的磨砺是他们身上大小不一的伤口，坚毅的意志是严刑拷打后的誓死不从，壮阔的魂魄是从容就义的铿锵步伐。无数惊人的坚定眼神让我好像置身于现场，灵魂的共鸣使我融入他们百折不挠的身体，使我燃起沸腾的热血，眼泪就要夺眶而出，紧握的拳头是对烈士们真挚的认可与赞美，壮美的山河中，一轮明月圆了又缺，缺了又圆，唯一不变的是长河百代中的先行者用人生和鲜血换来的皎洁月光。

魂兮归来，曾经金戈铁马的挣扎杳然于时光深处，连同当年的紧张惧怕也一同消失不见。如今我立于雨花台的土地上，眼见跳跃的清风将历史的伤痕抹平，将沧桑壮烈的过往抛掷，但正义的热浪在广阔的世间奔腾，希望的火焰在未来的天空燃烧，不屈的生命将会驾驭千年的沃土。

高二(5)班 胡天琪

历史已逝，精神犹在

——观《雨花台》有感

有这样一群人，为守护一个人的姓名甘愿奉上全体人的性命；有这样一群人，为坚守心里的大义，站在人民的立场，不憾年纪轻轻走上冰冷的绞刑场，以自己的血染红大地。站在曾经埋葬过他们的土地上，我仍感受得到他们的存在。历史已经过去，但他们的精神已在我心中留下了深深的褶皱。

在他们的身上，我才意识到了什么才是真正的"信仰"。他们甘愿为了自己心中的大义共同赴死，为了守护希望的火种放弃了自己尚值青春的大好年华。他们没有后悔，义无反顾地站上了绞刑架，用自己的死证明了共产党员是不怕牺牲的！信仰的价值对于他们来说，早就已经超过了生命。但这并不意味着他们不珍惜生命，他们所做的一切，都是为了让更多无辜、更加重要的人免于国民党的毒手。为了共产党更美好的未来，他们选择牺牲自己的生命，这种舍生忘死的信仰，值得被历史铭记。

在他们的身上，我也看到了他们普通的一面，但就是这种普通的一面，才折射出他们人性中耀眼的一束光。他们有自己的家庭、朋友，有自己喜欢听的音乐，他们也是我们这个年纪爱别人的、想被别人爱的少男少女，都会因为毒刑的拷打而犹豫，会因为家人的叮咛不住地失声痛哭。但，就是他们身上人性的一面，才让我们想起他们是一个个像我们一样活生生的人，是很多与我们年纪相仿的青年。这些人在我们同样的年纪就经受严酷的拷打，在相同的青春下经历了一场又一场的生死离别，又在珍贵的青春年华下淡出世界的边界。他们也许会为死的到来浑身颤抖，会因为家人的苦苦哀求流下眼泪，但就是他们这份人性，才在他们死去的时候让他们的形象益发高大起来。他们的平凡，反而折射出他们不平凡的一面。

　　"国不可以不救。他人不去救，则唯靠我自己；他人不能救，则唯靠我自己；他人不下真心救，则唯靠我自己；他人不下真心救，则唯靠我自己；自己要是不真心救，就是亡国奴的本性了!"是啊，即使在当今时代，仍然需要像他们一样的人为国家奉上自己的一份力。他们的精神会一直留在我们世世代代的中国人的心里，永远铭记在中华民族的历史上!

高二(8)班　高喆

结　　语

2021 年 2 月 20 日，习近平总书记在党史学习教育动员大会上指出，党史学习教育是"牢记初心使命、推进中华民族伟大复兴历史伟业的必然要求""坚定信仰信念、在新时代坚持和发展中国特色社会主义的必然要求""推进党的自我革命、永葆党的生机活力的必然要求"，因而他强调要"抓好青少年学习教育，着力讲好党的故事、革命的故事、英雄的故事，厚植爱党、爱国、爱社会主义的情感，让红色基因、革命薪火代代传承"①，同时更要注意党史学习教育方式方法的创新。2022 年 1 月 11 日，习近平总书记再次强调要将党史学习教育宣传引向深入，要"用好学校思政课这个渠道推动党的历史更好进教材、进课堂、进头脑，发挥好党史立德树人的重要作用""要用好红色资源，加强革命传统教育、爱国主义教育、青少年思想道德教育，引导全社会更好知史爱党、知史爱国"②。

为贯彻落实习近平总书记关于党史学习教育的系列讲话精神，真正做到中小学党史学习教育方式方法的创新，将党史学习教育潜移默化地进教材、进课堂、进头脑、进记忆，我们以南京市雨花台区为区域实验范围，以记忆理论为指导思想，创造性地提出了"物型课程记忆""仪式课程记忆""功能课程记忆"三个维度，目的是让我们的青少年能够记住历史。记忆与遗忘永远是相对的，我们选择记住什么，就有可能会遗忘掉另一些。我们

---

①　《习近平在党史学习教育动员大会上强调学党史悟思想办实事开新局以优异成绩迎接建党一百周年》，《人民日报》2021 年 2 月 21 日。

②　《继续把党史总结学习教育宣传引向深入　更好把握和运用党的百年奋斗历史经验》，《人民日报》2022 年 1 月 12 日。

在教育史研究的过程中，曾对侵华日军在中国台湾的殖民教育记忆作过深入的研究，日军在教材、仪式和场馆三个方面对中国台湾青少年开展中华文化的抹杀，让一代台湾人忘记了自己的身份认同和文化归属。彼得·伯克曾援引印第安人的例子来佐证是如何让人遗忘的："为了让布罗罗族印第安人（Bororo Indians）皈依天主教，他们采用的策略之一是让他们从房屋呈环状排列的传统村庄里迁走，搬入新的村庄。在新的村庄里，房屋呈行状排列，从而擦除了记忆，让印第安人乐意接受基督的讯息。"①他进一步反思："我们可以反问自己，欧洲的圈地运动是否也起到了为工业化擦除记忆（尽管不是有意的）的类似作用呢？特别是在瑞典，继1803年的圈地法令颁布以后，传统的村庄被摧毁，村里的居民被疏散"②。因而，从这一观点来说，当社会有可能出现"组织化集体遗忘"时，特别是当前互联网时代，信息爆炸的过程中，西方国家不可避免地冀图于对青少年儿童重构历史记忆、开展意识形态的颠覆时，我们不仅而且必须开展"组织化集体记忆"，将爱国、爱党、爱社会与课程、课堂、教学相融合，通过反复讲和讲反复的方式，构建青少年的国家认同与身份认同。只有这样，才能实现真正地入脑入心，让德育的基因成长到青少年的血液。

党史学习教育动员大会上强调，要推动党史学习教育方式方法的创新，我们认为，方式方法的创新要在理论创新的顶层设计框架之下推进则效果更佳。因而，以物型课程记忆、仪式课程记忆、功能课程记忆三位一体的"记忆课程"必然会推动青少年学四史、青少年党史学习教育走深走实发挥重要作用，也能够成为具有代表性和典型性的区域德育课程体系探索的新样态。

---

① [英]彼得·伯克著，丰华琴、刘艳译：《文化史的风景》，北京大学出版社2013年版，第54页。

② [英]彼得·伯克著，丰华琴、刘艳译：《文化史的风景》，北京大学出版社2013年版，第54页。

后　记

2019 年开始，我逐步开始涉猎记忆史研究，参加了相关的课题研讨和学术会议，掌握了较为前沿的国际研究方向和成果，也开始撰写相关的研究论文。2020 年，我爱人刘大伟博士赴南京市雨花台区教育局挂职副局长，我们在日常研讨时认为，雨花台区具有丰厚的红色基础，如果做好雨花台区的德育资源，不仅可以成为教育记忆的一个重要实践成果，而且还能够在未来申报获批更高级别的项目与奖项。为此，我们开始结合雨花台区教育的现有情况开展研究，并为此书的撰写构建了基本框架。

2021 年，经过不懈努力，我终于以南京晓庄学院的名义申报获批了教育部人文社科基金青年项目"教育记忆形塑青少年国家认同的路径研究"，这一项目旨在围绕"教育记忆入脑入心"的观点，通过构建物型课程记忆、仪式课程记忆和功能课程记忆的三维记忆实施路径，推动区域德育能够在中小学中扎根落地，形成一套理论与实践并重的研究方式。为了推动研究在实践领域的深入，打破一直以来教育学理论研究与实践研究脱钩的问题，我们课题组在申报时选择的研究方向及代码为"教育学其他学科"，研究类别为"实验与发展"，课题组成员中有两位在南京市雨花台区教育局担任副局长，一位在雨花台中学挂职副校长，为课题的实践推进奠定了良好的基础。而在理论研究方面，刘大伟博士与程功群博士在教育记忆史方向已经作出了卓有贡献的探索，他们在学校记忆、教育记忆、仪式记忆等方向都进行了理论探索与实践推进，也正因为如此，我们这本书的进度才能够确保。

总体来说，本书是课题组的智慧结晶。课题组在这几年中，实现了六个一：一个领域的开拓，即教育记忆史新领域的开拓；一系列论文的发表，课题组在教育记忆史、学校记忆、抗战记忆等方面发表了系列论文；一系列著作的出版，课题组出版了《一代中师记忆：晓庄师范师生口述史》，并即将出版译著《学校记忆：教育史研究的新趋势》；一份重要批示，课题组的《教育记忆形塑香港青少年历史记忆已刻不容缓》获得国家领导人肯定性批示并斩获江苏省教育科学研究成果一等奖；一个品牌峰会的召开，课题组在 2021 年 7 月顺利召开首届全国红色教育高峰论坛，嘉兴、于都、井冈山、红安、泗阳、武汉、杭州等红色基因城市代表纷纷与会；一个重要课题的申报，即笔者获批的教育部人文社科基金。这样一来，已经形成了课题、论文、专著、译著、批示、峰会六位一体的研究方式与成果展现形式，为我们未来的研究深入推进也打下了良好的基础。希望本书的出版能够成为一个新的开始，在此特别感谢本书的两位合作者刘大伟博士与程功群博士，正因为团队的通力合作，才有了这样的一个成果！

杜京容

2022 年晓庄校庆日于方山